TRAINING
FRANZÖSISCH

Gollwitzer

Rechtschreibung und Diktat

1./2. Lernjahr

mit 2 CDs

STARK

ISBN: 3-89449-562-6

Inhalt

Autorin: Josette Gollwitzer
Illustrator: Rainer Thiele

Vorwort

Liebe Schülerin, lieber Schüler,

dieses Buch ist als Hilfe für Schülerinnen und Schüler im ersten und zweiten Lernjahr Französisch gedacht. Es ist keine Diktatsammlung im herkömmlichen Sinn, sondern vermittelt dir **Schritt für Schritt** die **Besonderheiten der französischen Rechtschreibung**. Die einzelnen Abschnitte enthalten

- das notwendige **Grundwissen**, verständlich erklärt und mit anschaulichen Beispielen illustriert,
- Hinweise auf mögliche „Stolpersteine", also **Dinge, die du beim Diktat besonders beachten solltest**,
- abwechslungsreiche, häufig auch illustrierte **Übungen und Diktate**,
- ein **Schlussdiktat**, das du erst schreiben solltest, wenn du den Abschnitt durchgearbeitet und verstanden hast.

Abschnitt 8 enthält vier Übungsdiktate, mit denen du deine Kenntnisse nach dem ersten und zweiten Lernjahr überprüfen kannst. Die Übungen und Diktate auf den beiden **CDs** habe ich als Französin selbst gesprochen. **Ausführliche Lösungen** zu allen Übungen und die Diktattexte findest du im Lösungsteil.

Viel Spaß beim Üben wünscht dir

Josette Gollwitzer

Rechtschreibung und Diktat

Die folgenden allgemeinen Tipps und Hinweise helfen dir, beim Diktatschreiben Fehler zu vermeiden.

- Beim Diktat ist es wichtig, **genau hinzuhören**. Wenn du ein Wort nicht erkennst, notiere dir die Laute des Wortes – so kannst du beim zweiten Durchlesen leichter auf das Wort kommen.
- Ebenso wichtig ist es, beim Diktat **mitzudenken**. Wenn du z. B. den Faden verloren hast, weil dir ein Wort fehlt, solltest du die Satzteile vor und nach diesem Wort übersetzen, damit du auf den Sinn des Satzes kommst.
- Lies dir am Schluss alles noch einmal **sehr genau durch**.
- Achte auf die Satzzeichen, denn manchmal kann ein Satzzeichen den Sinn eines Satzes verändern.

Satzzeichen	französische Bezeichnung im Diktat
,	virgule
.	point
;	point-virgule
:	deux points
...	points de suspension
!	point d'exclamation
?	point d'interrogation
«	ouvrez les guillemets
»	fermez les guillemets

Und schließlich: „Neue Zeile" heißt im Französischen: „**A la ligne.**" Der letzte Punkt des Diktats kann „**point final**" heißen.
Nun kannst du mit den einzelnen Abschnitten anfangen. Viel Erfolg!

1 Rund um die Nasalvokale

Im Französischen gilt: Wer die richtige Aussprache kennt, hat die besten Chancen, ein gutes Diktat zu schreiben. Mit diesem Kapitel kannst du die Aussprache und die Schreibung der drei französischen Nasalvokale [ɛ̃], [ɑ̃] und [õ] trainieren. Höre genau zu und wiederhole die Wörter mehrmals, bevor du das Lückendiktat am Schluss des Abschnitts schreibst.

Der Nasalvokal [ɛ̃]

Die Aussprache des Nasalvokals [ɛ̃] erfordert die gleiche Mundstellung wie die Aussprache von [i]. Du musst nur dieses [i] nasalieren, d. h. so tun, als ob du durch die Nase sprichst. Keine Angst, so schwer ist es nicht!

Beispiele: cousin, impossible, un, demain, faim, plein, bien ([jɛ̃])

Wie du festgestellt hast, hat der Nasalvokal [ɛ̃] in der Regel folgende Schreibungen: *-in*, *-im*, *-un*, *-ain*, *-aim* oder *-ein* oder *-ien* ([jɛ̃]).

T 1

1. Höre zunächst folgende Wörter und sprich sie nach.

   a) cousin – Martin – impossible – vin *(Wein)* – enfin *(endlich)* – raisin *(Trauben)* – fin

   b) un – brun

   c) demain – Alain – train – copain *(Freund)* – faim

   d) plein *(voll)*

   e) Julien – Adrien – bien – Italien

T 2

2. Versuche jetzt, die Wörter mit dem Laut [ɛ̃] im Lückendiktat richtig zu schreiben.

   __________ est le __________ de __________ et __________ est ______ __________ de __________. __________ est __________. __________, __________ va en Italie. Il prend le __________ à Paris, mais le __________ est __________! En Italie, __________ va dans un restaurant. Il aime __________ le __________ et les pizzas!

Der Nasalvokal [ɑ̃]

Die Aussprache des Nasalvokals [ɑ̃] erfordert die gleiche Mundstellung wie die Aussprache von [a]. Du musst nur dieses [a] nasalieren, d. h. so tun, als ob du durch die Nase sprichst.

Beispiele: chance, restaurant, marchand, sans, rang, blanc, ambulance, centre, cent, il vend, camembert

Wie du festgestellt hast, werden Wörter mit dem Nasalvokal [ɑ̃] mit *-an, -ant, -and, -ans, -ang, -anc, -am* oder *-en, -ent, -end, -em* geschrieben.

T 3

3. Höre zunächst folgende Wörter und sprich sie nach. Viele kennst du schon vom Deutschen her.

a) restaurant – chance – orange – mandarine – banque – champagne – Normandie – Jean – devant – dans – correspondant – anglais – vacances – France – marchande – rang – blanc

b) ambulance – chambre

c) Provence – centre – Rouen – argent – il entre – en– il prend

d) camembert – exemple

T 4

4. Versuche jetzt, die Wörter mit dem Laut [ɑ̃] im Lückendiktat richtig zu schreiben.

__________ est ______ ______________. Il est à __________.

__________, c'est une ville _____ ______________.

__________ va ________ le ___________ de la ville. Il __________

__________ une ____________ et __________ de l'__________.

Après, il va ________ un _______________. ____________ le

_______________, il y a une _______________. ________

__________ une ______________, une _______________ et un

_______________. Demain, ________ va en __________.

Der Nasalvokal [õ]

Die Aussprache des Nasalvokals [õ] erfordert die gleiche Mundstellung wie die Aussprache von [o]. Du musst nur dieses [o] nasalieren, d. h. so tun, als ob du durch die Nase sprichst. Keine Angst, viele Wörter sind dir schon bekannt!

Beispiele: champignon, blond, nous allons, ils vont, combien

Wie du festgestellt hast, werden Wörter mit dem Nasalvokal [õ] mit *-on, -ond, -ons, -ont* oder *-om* geschrieben.

T5

5. Höre zunächst folgende Wörter und sprich sie nach.

a) non – champignon – citron – pardon – bonbon – question – melon – réservation – Avignon – mon

b) Simon – Breton – blond – bonjour – contrôleur – correspondant

c) combien – bombe – pompe – je comprends

T6

6. Versuche jetzt, die Wörter mit dem Laut [õ] im Lückendiktat richtig zu schreiben.

__________ est Anglais. Il est __________. Il va à __________

et entre dans une boutique. Il dit à la marchande: «__________,

Madame, je voudrais *(ich möchte)* un __________ et un

__________.» La dame dit: «C'est tout *(Ist das alles)*?»

__________ dit: «__________ Madame, je ne __________ pas la

__________. C'est __________ un __________ et un __________?»

Übersicht

Inzwischen weißt du, dass man die verschiedenen Nasalvokale folgendermaßen schreibt:

[ɛ̃] *-in, -im, -un, -ain, -ain, -ein* oder *-ien* ([jɛ̃]).

[ɑ̃] *-an, -ant, -and, -ans, -ang, -anc, -am* oder *-en, -ent, -end, -em*

[õ] *-on, -ond, -ons, -ont* oder *-om*

Dazu gibt es noch die einfache Regel, dass vor *m, b* und *p* immer ein *m* kommt.

Beispiele: emmener *(mitnehmen)*, ambulance, impossible

Beachte: Hierzu gibt es eine Ausnahme, aber du kennst sie schon: *bonbon*!

T 7

7. Schreibe die Wörter, die du hörst: *m* oder *n*?

a) ______________________________

b) ______________________________

c) ______________________________

d) ______________________________

e) ______________________________

f) ______________________________

g) ______________________________

h) ______________________________

8. Schau dir die Zeichnungen mit dem Obst und dem Gemüse an. Sprich zuerst laut folgende Wörter aus: *citron, orange, raisin, mandarine, melon, champignon.* Schreibe dann diese Wörter unter das jeweils passende Bild.

a) ______________

b) ______________

c) ______________

d) ______________

e) ______________

f) ______________

T 8

9. Jetzt sind alle Wörter mit den drei Nasalvokalen durcheinander gewürfelt. Versuche zunächst, den Nasalvokal zu erkennen, und schreibe in die Lücken nur die Nasalvokale [ɛ̃], [ɑ̃] oder [õ]. Wenn mehrere Nasalvokale in einem Wort vorkommen, schreibe mehrere hin!

_____ est _____ voyage *(Reise)*. Il est _____ le _____. Le _____ _____ et dit:

«_____ Monsieur, vous avez une _____? _____? Et où est votre *(Ihr)* billet?

Vous êtes _____? Et le monsieur là, c'est votre _____?»

_____ dit: «Oui, c'est _____ _____ _____. Je vais _____ _____ avec _____.

J'aime _____ le Midi *(Südfrankreich)*. Je vais à _____ avec _____. C'est une

_____!»

T 8

10. Höre dir das Diktat der vorhergehenden Übung nochmals an und fülle die Lücken mit den ganzen Wörtern.

__________ est _____ voyage *(Reise)*. Il est _________ le _________.

Le ____________ _________ et dit: «__________ Monsieur, vous

avez une ______________? _________? Et où est votre *(Ihr)* billet?

Vous êtes ___________? Et le monsieur là, c'est votre ___________?»

__________ dit: «Oui, c'est _________ ____________________

__________. Je vais __________ __________________ avec

____________. J'aime __________ le Midi *(Südfrankreich)*. Je vais à

____________ avec ___________. C'est une _________!»

2 Rund ums Substantiv

In diesem Abschnitt geht es um die Stellung des Substantivs im Satz, um die Begleiter des Substantivs und um Besonderheiten der Schreibweise. Lerne die Substantive immer mit dem dazugehörigen Artikel!

Der Aussagesatz

Wenn du einfache Regeln der Wortstellung kennst, tust du dich beim Diktat mit den verschiedenen Satzteilen leichter. Wie du weißt, gibt es im Französischen keine Fälle, sondern man erkennt die Funktion der einzelnen Wörter entweder an ihrer Stellung im Satz oder an den Präpositionen, von denen sie begleitet werden.

(1)	**Fonction sujet** *(Nominativ)*	• 1. Platz im Satz • Frage: „Wer oder was?“	La maison est fantastique.
(2)	**Fonction objet direct** *(Akkusativ)*	• 3. Platz im Satz • Frage: „Wen oder was?“	La famille Dupont regarde la maison.
(3)	**Fonction objet indirect** (complément d'attribution, *Dativ)*	• 4. Platz im Satz mit der Präposition *à* • Frage: „Wem?“	La dame donne un bonbon à Nicole.

Beachte: Das Verb nimmt im Aussagesatz immer den 2. Platz ein.

Die Stellung der verschiedenen Satzglieder hilft dir, den Sinn der Sätze zu erfassen, falls du im Diktat ein Wort nicht verstanden oder nicht gehört hast.

Den Genitiv drückst du im Französischen durch das *complément de nom* aus. Das *complément de nom* ist Teil eines der drei Satzglieder *sujet, objet direct, objet indirect:*

Complément de nom *(Genitiv)*	• Platz gleich nach dem Bezugswort mit der Präposition *de* • Frage: „Wessen?“	Le père de Jean est pompier. (Hier hat *Le père de Jean* die *fonction sujet* und *de Jean* ist *complément de nom.*)

11. Schreibe die Funktion der Satzteile unter die unterstrichenen Wörter und verwende folgende Abkürzungen:

S: Fonction sujet | OD: Fonction objet direct
OI: Fonction objet indirect | CN: Complément de nom

a) Monique cherche l'ordinateur de Stéphane.

b) Sylvie et Stéphanie posent des questions au professeur.

c) Nous écoutons les CD de la sœur de Sylvie.

d) Le frère de Sylvie montre un film à ses amis.

e) Les photos sont aux élèves?

f) Maryse et Catherine téléphonent aux amis de Patrick.

Der bestimmte Artikel

Der bestimmte Artikel hat folgende Formen:

le männlich, Singular

la weiblich, Singular

les männlich/weiblich, Plural

Le und *la* werden vor Vokal und vor einem stummen h apostrophiert *(l'ami, l'hôtel)*. Wenn *les* vor einem Substantiv steht, das mit einem Vokal oder einem stummen *h* beginnt, musst du die Bindung machen *(les‿amis, les‿hôtels)*.

12. Schau dir das Bild der Stadt genau an und schreibe die Begriffe mit den richtigen Artikeln im Singular.

13. Finde für die verschiedenen Zimmer der Wohnung die passende Bezeichnung mit dem richtigen Artikel.

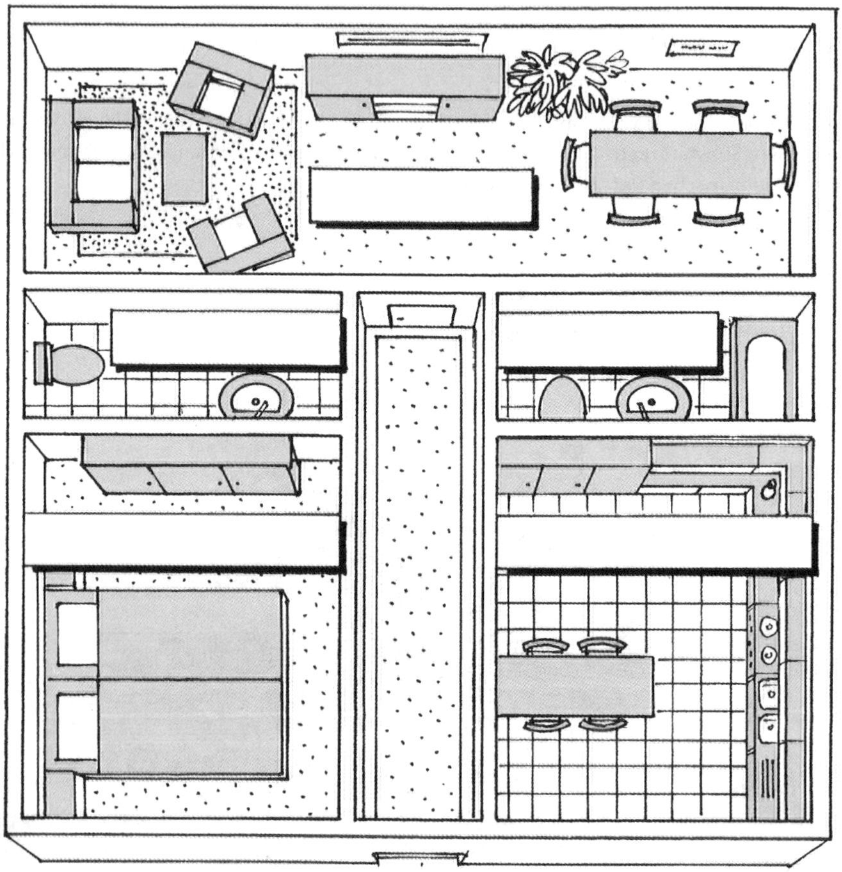

T 9

14. Schreibe alle 10 Wörter der Zeichnungen der Übungen 2 und 3 im Plural.

Höre dir jetzt alle Wörter in der Einzahl und der Mehrzahl auf der CD an und sprich sie nach.

T 10

15. Lies die Wörter paarweise laut und prüfe dann auf der CD nach, ob du die Wörter richtig ausgesprochen hast. Achte auf die Bindungen!

a) les voisins	les voisines
b) les questions	les réponses
c) les étagères	les histoires
d) les étiquettes	les cartons
e) les ordinateurs	les télévisions
g) les sœurs	les frères
h) les pères	les mères
i) les immeubles	les maisons
j) les parents	les grands-parents
k) les arbres	les fleurs
l) les jardins	les parcs

T 11

16. Sicher hast du schon bei den Übungen 3, 4, und 5 festgestellt, dass das Plural-s am Ende der Substantive nicht gesprochen wird. Umso mehr musst du aufpassen, ob *le* oder *les* diktiert wird. Höre dir die folgenden Wörter genau an und setze den Singular oder den Plural ein.

a) ________ professeur____	b) ________ frère____
c) ________ café____	d) ________ taxi____
e) ________ restaurant____	f) ________ garage____
g) ________ parc____	h) ________ lac____
i) ________ centre____	j) ________ club____
k) ________ champion____	l) ________ match____
m) ________ concert____	n) ________ nom____
o) ________ groupe____	p) ________ numéro____

Der unbestimmte Artikel

Der unbestimmte Artikel hat folgende Formen:

un männlich, Singular

une weiblich, Singular

des männlich/weiblich, Plural

Beachte: Nach dem Ausdruck *il y a* steht in der Regel der unbestimmte Artikel.

17. Finde die passenden Wörter mit dem richtigen unbestimmten Artikel im Singular heraus.

a) Dans _______ _____________________, il y a des trains.

b) Dans _______ _____________________, il y a des appartements.

c) Dans _______ _____________________, il y a des lits.

d) Dans _______ _____________________, il y a des chambres.

e) Dans _______ _____________________, il y a des arbres et des fleurs.

18. Setze die passenden Wörter mit dem unbestimmten Artikel im Plural ein.

a) Il y a _______ _______________ dans un zoo.

b) Dans la classe, il y a _______ ___________.

c) Dans le jardin, il y a _______ ___________.

Die Wörter de, deux und des

Die Wörter *de, deux* und *des* sind leicht zu verwechseln – höre deshalb genau hin, was diktiert wird. Die Wörter haben folgende Bedeutungen:

des	Plural des unbestimmten Artikels	des jardins, des chambres
deux	Zahl „zwei“	deux lits
de	• Präposition vor dem *Complément de nom* (Ergänzung zum Substantiv) (siehe S. 7)	Les copains de Pierre sont super!
	• Präposition innerhalb von Begriffen, die sich im Deutschen aus mehreren Wörtern zusammensetzen	la salle de séjour *(Wohnzimmer)*

T 12

19. Übersetze folgende Ergänzungen zum Substantiv.

a) Lucs Mutter: ______

b) Françoises Geburtstag: ______

c) Ahmeds Geburtstag: ______

d) die Freundin von Frau Dupont: ______

e) Antoines Wohnung: ______

f) Valeries Idee: ______

g) Isabelles Schwester: ______

Schau die Lösung nach, höre die Ausdrücke auf der CD an und spreche sie laut nach. Wie du siehst, wird *de* vor einem Vokal zu *d'* apostrophiert.

20. Übersetze folgende zusammengesetzte Wörter.

a) das Badezimmer: ______

b) der Polizeiinspektor: ______

c) der TGV-Lokführer: ______

d) der Französischlehrer: ______

e) der Fotoklub: ______

f) das Rathaus: ______

g) das Erdkundebuch: ______

T 13

21. Finde heraus, ob du *des, deux* oder *de* einsetzen musst. Höre genau hin, überlege dir den Sinn der Aussage und vergiss das Plural-s nicht, wenn es nötig ist!

a) ______ frère___

b) ______ sœur___

c) le père ______ mon amie

d) les magasins ______ Paris

e) Elle regarde les ______ professeur___.

f) les chambres ______ fille___

Männlich oder weiblich?

(1) Leider gibt es keine Regel dafür, wann ein Substantiv männlich und wann es weiblich ist. Deshalb musst du die Wörter mit dem jeweiligen Artikel lernen.

(2) Im Allgemeinen sind Wörter, die auf *-ée, -ie, -ssion, -tion, -ette* oder *-té* enden, weiblich. Es gibt nur wenige Ausnahmen, z. B.: *le musée, le lycée, le parapluie, le génie.*

22. *Le, la* oder *les*? *Un, une* oder *des*? Setze die passenden Artikel ein!

a) Pierre achète ________ baguette à ________ boulangerie de son quartier. Il est avec ________ amie. Après, il va à ________ boucherie. Et puis, il faut aussi acheter ________ cassette pour Martine! Oh là là, quel stress!

b) ________ lycée de Sylvie est super! Sylvie aime bien aller à ________ école. Elle rencontre ________ copines à ________ récréation et elles regardent ________ programme de ________ télévision. Ce soir, il y a ________ match de tennis et elles vont voir ________ champion de ________ année. ________ tennis, c'est vraiment ________ passion pour ________ filles de ________ classe de 4ème.

Schreibung von Eigennamen und Anreden

(1) Im Französischen schreibt man alle **Eigennamen groß.**

(2) *Monsieur, Madame* und *Mademoiselle* werden auch **großgeschrieben,** weil es sich um eine Anrede handelt, es höflicher wirkt und man im Französischen den Nachnamen nicht hinzufügen muss: Es genügt, wenn man *Bonjour, Madame* sagt.

(3) **Nachnamen** bleiben immer **unveränderlich**: Bei den Nachnamen im Plural wird folglich kein Plural-s hinzugefügt: „die Duponts“ wird übersetzt mit *les Dupont.*

23. Groß oder klein? Streiche jeweils den falschen Buchstaben!

Mmonsieur **Dd**upont est **Cc**hef du personnel. Il travaille chez **Tt**anguy en **Ff**rance. Dans son **Bb**ureau, il y a un **Mm**onsieur et une **Dd**ame. Ils veulent travailler dans l'**Ee**ntreprise.
Le **Mm**onsieur s'appelle **Mm**onsieur **Ll**egrand et la **Dd**ame **Mm**adame **Ll**agrange. Il y a aussi deux **Mm**essieurs, ce sont deux **Ff**rères: Ils s'appellent **Rr**oyer. Ils cherchent aussi du travail. Le **Cc**hef du personnel de **Dd**anone ne sait pas qui il va employer! Les trois **Pp**ersonnes ont des **Dd**iplômes et c'est très difficile de choisir!

Die Akzente

Auf die Akzente solltest du genau achten. Meistens werden falsche Akzente im Diktat „nur" als halbe Fehler gewertet, doch diese können sich summieren. Hier ein paar Tipps, die dir das Setzen der Akzente erleichtern:

(1) Übertrage deine Wörter in ein Vokabelheft und lerne sie gewissenhaft.

(2) Schau dir die Aussprache genau an und sprich die Wörter laut aus.

(3) Beachte folgende Regeln:

• **accent aigu**	Er ist nach oben gerichtet, du findest ihn nur auf dem Buchstaben *-e-*, der dann wie das *-e-* in „See" [e] ausgesprochen wird.	le café, le numéro
• **accent grave**	Er ist nach unten gerichtet und wird mit dem Buchstaben *-e-* wie das *-ä-* in „Fähre" [ɛ] ausgesprochen.	le frère, l'étagère
• **accent circonflexe**	Er sieht aus wie ein Dach und wird mit dem Buchstaben *-e-* genau wie der *accent grave ä* [ɛ] ausgesprochen. Er kommt jedoch viel seltener vor als der *accent grave*. Ein *accent circonflexe* auf *-a*, *-i*,*-o* oder *-u* ändert die Aussprache nicht.	la forêt, une âme *(Seele)*, une île *(Insel)*, un hôpital, sûrement

24. *Accent aigu, accent grave, accent circonflexe* oder gar kein Akzent? Setze die Akzente auf die unterstrichenen Wörter, falls notwendig.

Nicole a un frere. Il s'appelle Andre. Aujourd'hui, nous sommes samedi et Nicole telephone a son amie Denise. Elle dit: «Qu'est-ce que tu fais? Tu regardes la tele ou tu ecoutes des cassettes?»

Denise repond: «Je travaille pour l'ecole parce que j'ai des devoirs a faire et je prefere avoir des bonnes notes a l'ecole. Tu comprends, j'espere avoir des bons resultats parce que mes parents me donnent de l'argent quand j'ai une bonne note a un test de contrôle!»

Nicole dit: «Dommage, ce soir, Pierre organise une fete a l'hotel des Americains. J'y vais avec Michele.»

Denise repond: «Ah oui? Une fete? Alors, je vais peut-etre y aller!»

Besonderheiten von -e- vor Konsonanten

(1)	*-e-* vor Doppelkonsonanten	*-e-* vor *-ff, -ll, -mm, -nn, -rr, -ss, -tt* wird zwar [ɛ] ausgesprochen, aber ohne Akzent geschrieben.	étiquette, elle, les toilettes, une cassette, la presse, derrière, Mademoiselle
(2)	*-e-* vor einem *-s* oder *-x*	Meistens werden keine Akzente vor *-s* oder *-x* gesetzt.	le correspondant, l'escalier *(Treppe)*, l'exercice, l'exemple
		Eine Ausnahme bilden Wörter, die auf *-s* enden.	le succès, très, près, le progrès

Besonderheiten von Wörtern, die auf einen Konsonanten enden

(1) Wenn ein französisches Wort auf einen Konsonanten endet, wird der Konsonant meistens nicht ausgesprochen. Keinen der unterstrichenen Buchstaben hört man:
Beispiele: Bernard, Blanchard, la souris, la forêt, les enfants, les parents, un mot, le commerçant, le restaurant, le correspondant, le concert

(2) Anders ist es bei Fremdwörtern, da werden alle Konsonanten ausgesprochen.
Beispiele: le stand, le foot, le bus

25. In der folgenden Übung hat der Verfasser die Endkonsonanten vergessen! Setze die passenden Endungen ein.

Bernar___ a un ordinateur. Il travaille souven___ sur son ordinateur. Ses paren___ ne sont pas toujour___ d'accor___ parce qu'ils préfèrent le voir travailler pour l'école!

Mai___ Bernar___ fait ce qui lui plaît. Plu___ tar___, il veu___ être informaticien. Et pui___, avec l'internet, il a beaucou___ de correspondan___ et il aime écrire à ses nouveau___ amis. Ils parlent des spor___ qu'ils font comme le foo___ ou le tenni___ ou le gol___ ou le baske___. Oui, vraiment, l'ordinateur, c'est un progrè___.

Welche Schreibung bei der Lautung [k]: „-c“, „-ck“, „-qu(e)-“ oder „-k-“?

(1)	Wörter auf *-c*	Wörter, die auf *-c* enden, sind Fremdwörter.	le parc, le trac *(Lampenfieber)*, le bric-à-brac *(Durcheinander, Kram)*
(2)	Wörter auf *-ck*	Wörter, die mit *-ck* geschrieben werden, sind sehr selten im Französischen. Auch sie sind Fremdwörter.	le rock, le blockhaus
(3)	Schreibung mit *-qu(e)-*	Die meisten Wörter dieser Lautgruppe werden auf *-qu(e)-* geschrieben, nicht nur am Ende eines Wortes, sondern auch am Anfang oder mitten im Wort.	la musique, la bibliothèque, la question, la classe de cinquième, une étiquette
(4)	Der Buchstabe *-k-*	Mitten in einem Wort kommt der Buchstabe *-k-* nur sehr selten und nur in Fremdwörtern vor.	kilo, kiosque, parking, anorak, look

26. Jutta hat große Probleme mit der französischen Rechtschreibung (*-c, -ck* oder *-que*?). Hilf ihr bei dem Brief an ihre französische Freundin Nathalie und setze die passenden Endungen ein.

Chère Nathalie,

En ce moment, je suis au cours de musi_____ et je t'écris. Notre prof est Anglais et s'appelle Ja_____ Highland. Après le cours, nous avons une heure d'étude parce _____ le prof de mathémati_____ est malade. Je vais aller dans la bibliothè_____ du collège parce _____ je dois faire un exposé (Referat) sur les par_____ naturels français. Nadine, mon amie _____ tu connais bien m'aide aussi et elle va aller à la médiathè_____ pour trouver des films. Un exposé ave_____ un film, c'est plus intéressant.

Notre exposé dure 30 minutes et nous avons un peu le tra_____ toutes les deux parce _____ c'est la première fois _____ nous parlons si longtemps en *français! J'espère _____ le professeur ne va pas nous poser trop de _____estions difficiles!*

Ce soir, je vais à un concert de ro_____ et ma sœur m'emmène en voiture. Quel_____fois, une sœur, c'est bien prati_____! Mais on va sûrement avoir des problèmes de par_____ing parce _____ beaucoup de jeunes de ma _____lasse y vont! Il y a déjà cent cin_____ante cinq élèves qui ont réservé leurs places. Dans ma prochaine lettre, je vais tout te ra_____onter!

A bientôt.

Ton amie Jutta

T 14

27. Nun beherrschst du bereits einige Regeln und kannst zeigen, ob du fehlerfrei schreiben kannst! Schreibe den Text, der dir auf der CD diktiert wird.

Vokabular	un enfant	Kind
	jusqu'à	bis
	jamais	nie, niemals
	surtout	vor allem

3 Rund ums Verb im Präsens

Nun werden wir uns mit den verschiedenen Verbgruppen und deren Besonderheiten befassen. Im Einzelnen sind das

- **die Verben der 1. Gruppe:**
  die regelmäßigen Verben auf *-er (regarder, ...)*,
  die stamm- und endungsbetonten Verben auf *-er (acheter, ...)*,
  die Verben auf *-ayer, -oyer, -uyer (payer, envoyer, essuyer, ...)*,
  die Verben auf *-cer* und *-ger (commencer, manger, ...)*,
- **die Verben der 2. Gruppe:**
  die Verben auf *-ir* mit Stammerweiterung *(finir, ...)*,
- **die Verben der 3. Gruppe:**
  die unregelmäßigen Verben auf *-re, -dre, -oir, -ir* ohne Stammerweiterung *(faire, attendre, pouvoir, tenir, ...)*,
- **die drei Hilfsverben** *être, avoir* und *aller.*

Die Verben der 1. Gruppe

Die regelmäßigen Verben auf „-er" („regarder, chercher, ...")

Bei den Verben der ersten Gruppe solltest du im Diktat Folgendes beachten:

(1) Die Endungen des Infinitivs und der 2. Person Plural werden jeweils [e] ausgesprochen, d. h.: *regarder* und *regardez* haben dieselbe Aussprache. Wie erkennst du im Diktat die richtige Form?

- Der Infinitiv *regarder* kann in der Regel nicht allein stehen. Nach folgenden häufigen Verben kommen Infinitive vor: *aimer, préférer, adorer, détester, pouvoir, vouloir, devoir, avoir besoin de, avoir envie de, demander à quelqu'un de, apprendre à* ... und natürlich nach *aller* (Hilfsverb für die Bildung des Futurs).
  Beispiele: Elle aime <u>regarder</u> la télé.
  Il va <u>regarder</u> la télé.
- *Regardez* kann als Befehlsform am Anfang des Satzes stehen.
  Beispiel: <u>Regardez</u> la télé ce soir, il y a une émission intéressante.
- *Regardez* kann aber auch die 2. Person Plural sein und wird dann von *vous* begleitet.
  Beispiel: <u>Vous regardez</u> la télé ce soir?

(2) Die Endungen der Singularformen, die der 3. Person Plural und die der 2. Person Singular Befehlsform werden ebenfalls gleich ausgesprochen.
Beispiele: je regard<u>e</u> – tu regard<u>es</u> – il/elle regard<u>e</u> – ils/elles regard<u>ent</u> – Regard<u>e</u>!

(3) **Beachte:** In der 2. Person Singular Befehlsform entfällt das -s von der Endung der 2. Person Singular!
Beispiele: Regard<u>e</u>! – Ecout<u>e</u>!

Wie erkennst du, um welche Verbform es sich handelt?

- Achte zunächst auf die Subjektpronomen *(je, tu, il/elle, nous, vous, ils/elles)*: Falls keine vorhanden sind, ist es die Befehlsform.
- Dann musst du dir die Frage stellen, wer etwas tut. Schau dir folgende Beispiele genau an:

Sylvie et Pierre discutent dans la cour du lycée. Ils parlent de leurs cours.

(Wenn du den Satz schreibst *Ils parlent de leurs cours*, kann es sich nur um *Sylvie et Pierre* handeln, die im vorhergehenden Satz erwähnt worden sind.)

Nadine arrive. Elle regarde sa leçon de mathématiques.

(Wenn du den Satz schreibst *Elle regarde sa leçon de mathématiques*, kann es sich nur um *Nadine* handeln, die im vorhergehenden Satz erwähnt worden ist.)

Verliere nie den Faden und behalte die Personen, die im Diktat erwähnt worden sind, immer im Kopf! Etwas leichter hast du es, wenn das Verb der 1. Gruppe mit einem Vokal anfängt: Bei dem Satz *Ils/Elles_aiment jouer.* hörst du die Bindung nach *Ils* oder *Elles*!

28. Füge im folgenden Text die richtigen Endungen ein.

Claudine et son amie Sylvie discut________ dans la cour du lycée. Ell_____ parl_______ de leurs cours. Nadine arriv_____. Ell__ regard_____ son cahier d'histoire. Les deux filles demand______ à Nadine si ell_____ veut bien les aid_____. Claudine, qui n'aim_____ pas beaucoup l'histoire, demand_____ à Nadine si elle a envie de pos_____ des questions au prof d'histoire. Comme ça, il ne va sûrement pas pens_____ à interrog_____ les autres élèves. Souvent, c'est un truc qui march_____ bien! Sylvie trouv_____ l'idée de Claudine vraiment géniale! La cloche sonn_____, la récréation est finie et les trois filles entr_____ dans la classe. Mais, qu'est-ce qu'il y a? Ce n'est pas le prof d'histoire qui arriv_____, c'est la prof de maths qui leur dit: «Ecout_____, aujourd'hui, on pourrait révis_____ la leçon du dernier cours. Claudine, parl_____ de la dernière heure!» Claudine voudrait expliqu_____

qu'ell___ ne sait rien, mais elle n'y arriv_____ pas. Ell___ dit: «Excus_____-moi, Madame, est-ce que je peux all______ à l'infirmerie, je ne me sens pas très bien.» Le professeur est sceptique, mais il demand________ à Sylvie d'accompagn______ cette grande malade à l'infirmerie. Quelle chance pour les deux amies!

Die stamm- und endungsbetonten Verben auf „-er" („acheter, se lever, ...")

Die stamm- und endungsbetonten Verben auf *-er* solltest du besonders beachten:
Die Stammform des Infinitivs ist die gleiche wie die Stammform der 1. Person Plural (*nous*) und der 2. Person Plural (*vous*).

Infinitiv	**1. Person Plural**	**2. Person Plural**
acheter	*nous achetons*	*vous achetez*

Stammform: *achet-*

Merke: Infinitiv wie *nous* und *vous*!

Alle anderen Formen haben entweder einen Akzent oder es wird ein Konsonant verdoppelt.
Hier einige Beispiele:

Infinitiv	**1. Person Plural**	**2. Person Plural**	**andere Formen**
acheter	nous achetons	vous achetez	j'achète, tu achètes, il/elle achète, ils/elles achètent *Befehlsform in der 2. Person Singular*: Achète
emmener	nous emmenons	vous emmenez	j'emmène, ...
se promener	nous nous promenons	vous vous promenez	je me promène, ...
se lever	nous nous levons	vous vous levez	je me lève, ...
épeler	nous épelons	vous épelez	j'épèle, ...
préférer	nous préférons	vous préférez	je préfère, ...
répéter	nous répétons	vous répétez	je répète, ...
espérer	nous espérons	vous espérez	j'espère, ...
appeler	nous appelons	vous appelez	j'appelle, ...
jeter	nous jetons	vous jetez	je jette, ...

29. Schau dir die Bilder an und ergänze die fehlenden Verben. Die Liste von Verben im Merkkasten auf S. 22 hilft dir dabei.

a) – Bonjour, Monsieur, vous vous ______________ comment?
– Je m' ______________ Durand.

b) – L'élève ______________ la phrase. Toute la classe ______________ la phrase.

c) __________, c'est vraiment difficile.
A l'hôtel, la dame de la réception dit: «__________ votre nom, s'il vous plaît.»
M. Müller et Mme Schmidt __________ leurs noms.

d) Aujourd'hui, Marie se __________ avec son chien. Les deux aiment bien se ______________ ensemble.

e) Pierre ______________ toujours ses papiers de chewing-gum dans la rue. Sa mère est contre et lui dit toujours: «Pierre, il ne faut pas __________ les papiers.»
Pierre est vraiment terrible!

f) Mme Durand ______________ sa fille à l'école. Elle rencontre sa voisine. Elle lui demande: «Vous n'______________ pas votre fille à l'école aujourd'hui?» La voisine répond: «Non, Sylvie est au lit, elle est malade.»

g) Nous, nous ______________ les fruits. Nadine ______________ les gâteaux et moi, je ______________ les glaces.

h) Sylvie _________ des tomates et nous, nous _________ des carottes.

i) Brigitte et Sylvie se ___________ à 7 heures. Leur amie Suzanne se ___________ à 6 heures et demie. Et vous, à quelle heure vous ____________-vous?

j) Christian _____________ toujours qu'Annie va bientôt être son amie. _____________ qu'il va bientôt pouvoir la rencontrer!

Die Verben auf „-ayer, -oyer, -uyer" („payer, envoyer, essuyer, …")

Höre bei den Verben auf *-ayer* genau hin, denn bei diesen Verben gibt es je nach Aussprache zwei Schreibweisen, zum Beispiel:

Singular	**Plural**
je paie [pɛ]/paye [pɛj]	nous payons
tu paies [pɛ]/payes [pɛj]	vous payez
il/elle paie [pɛ]/paye [pɛj]	ils/elles paient [pɛ]/payent [pɛj]

Bei den Verben auf *-oyer* und *-uyer* kommt das -y- nur in der 1. und 2. Person Plural vor. Bei allen anderen Personen verschwindet das *-y-*: *je nettoie* … aber: *nous nettoyons, vous nettoyez*.

30. Setze die richtigen Formen von *essayer*, *envoyer* und *essuyer* (aufwischen) ein. Wenn zwei Formen möglich sind, trage beide ein.

a) Les élèves ______________________________ (essayer) de faire les exercices de mathématiques.

b) Sylvie ______________________________ (envoyer) une lettre à sa tante.

c) Le professeur dit à un élève: «Martin, ______________________________ (essuyer) le tableau, s'il te plaît.»

31. Vervollständige folgende Verben:

Pierre et Sylvie regard____ les magasins. Sylvie dit à Pierre: «Regard____, il y a des pulls super!» Pierre aim_____ bien les pulls noirs. Il essa______ deux pulls noirs. Sylvie dit: «Tu essa______ aussi le blanc? Regard____, il n'est pas cher». Pierre trouv_____ le blanc pas mal, mais il préf______ les deux noirs. Il ach______ les deux noirs et Sylvie ach______ le blanc. Ils ach_____ les trois pulls. Sylvie dit: «On quitt______ seulement le magasin si *(wenn)* je trouv______ un jean». Pierre dit: «Tu cherch______ un jean noir ou bleu?» Sylvie décid_____ de prendre le bleu. Elle a de la chance, elle discut______ avec la vendeuse. Elle lui expliqu_______ qu'elle est élève et elle ajout_______ qu'elle n'a pas beaucoup d'argent. La vendeuse la comprend et lui fait un prix si elle ach________ deux jeans. Alors, Pierre ach________ aussi un jean! Ils quitt______ le magasin avec trois pulls et deux jeans. Quelle journée!

Die Verben auf „-cer" und „-ger" („commencer, manger, ...")

Achte bei diesen Verben vor allem auf die 1. Person Plural:

(1) Verben auf *-cer*:
Denke bei der 1. Person Plural an die *cédille* (den „Haken" unter dem -*c*)! Die *cédille* ist obligatorisch vor einem -*o*.

Beispiel: Je commen<u>c</u>e, *aber:* nous commen<u>ç</u>ons
-*c*- wird vor -*a*,- *o*, -*u* wie [k] ausgesprochen. Die *cédille* bewirkt, dass -*c*- auch vor -*a*, -*o*, -*u* wie [s] ausgesprochen wird.

(2) Verben auf *-ger*:
Bei der 1. Person Plural musst du nach dem -*g*- ein -*e* schreiben.

Beispiel: Je mange, *aber:* nous mang<u>e</u>ons
-*g*- wird vor -*a*, -*o*, -*u* wie [g] ausgesprochen. Das -*e*- bewirkt, dass -*g* wie [ʒ] ausgesprochen wird.

32. Wie lautet die 1. Person Plural der folgenden Verben?

a) avancer: nous ______________ b) annoncer: nous ______________

c) prononcer: nous ______________ d) remplacer: nous ______________

33. Wie lautet die 1. Person Plural der folgenden Verben?

a) nager: nous ______________ b) corriger: nous ______________

c) ranger: nous ______________ d) déranger: nous ______________

34. Vervollständige die Verbformen.

A la maison tout le monde mang________ à 8 heures. Papa veut regarder la télé et mes sœurs et moi le dérang________ souvent.

C'est comme ça: Nous, nous voulons parler quand il regarde la télé!

Maman dit toujours: «Arrêtez, vous dérang________ votre père! Je vous interdis *(ich verbiete euch)* de prononc________ un mot. Vous êtes vraiment terribles! D'abord, toi, Catherine, rang________ tes affaires qui sont sur la table et toi, Nathalie avanc________ un peu la table et aide-moi à la mettre devant la télé. Mais, où sont Françoise et Eric? Ils rang________ leurs chambres? Ils choisissent toujours le bon moment, quand nous mang________!»

Die Verben der 2. Gruppe

Die Verben auf „-ir“ mit Stammerweiterung („finir, choisir, …“)

Hier hast du es leichter, denn nur die ersten drei Personen Singular werden gleich ausgesprochen: *Je finis, tu finis, il finit.* Die Pluralformen hingegen lauten: *Nous finissons, vous finissez, ils/elles finissent.*

Beispiele: Les élèves finissent leurs devoirs.
Martin, lui, ne finit pas ses devoirs, il n'a pas envie de les finir aujourd'hui.

Unterscheide bei Verben wie *choisir, réussir* zwischen dem Stamm (*chois-, réuss-*) und der Stammerweiterung (immer *-iss*).

Beispiele: Nous choisissons, vous choisissez, ils choisissent, *aber:*
Nous réussissons, vous réussissez, ils réussissent.

35. Vervollständige die Verbformen.

a) Lucien parle à son copain Eric:

– Tes cours fin__________ à quelle heure?

– A 5 heures.

– Alors demain, après les cours, on va au club cinéma?

– Oui, mais laisse-moi réfléch__________. Il est vraiment bien le film que tu veux voir?

– Oui, les élèves de la 4ème B organisent la soirée et ils chois__________ toujours des films intéressants.

b) Madame Dupont parle à sa fille:

Ne reste pas comme ça à ne rien faire. Réag__________! Apprends bien tes leçons et tu vas réuss__________ au test de contrôle demain!

c) Le lendemain, le professeur parle aux élèves:

Allez, concentrez-vous. Réfléch__________ bien. Le test n'est pas difficile. Faites attention, chois__________ bien vos mots et fin__________ toutes les phrases. N'oubliez rien. Relisez votre texte deux fois et vous allez réuss__________.

Die Verben der 3. Gruppe

Die unregelmäßigen Verben auf „-re, -dre, -oir, -ir“ ohne Stammerweiterung („faire, attendre, pouvoir, tenir, …“)

Wie bei der 1. und 2. Gruppe werden die ersten drei Personen im Singular gleich ausgesprochen. Die Verben der 3. Gruppe sind jedoch unregelmäßig, und deswegen solltest du sie sorgfältig lernen.

Verb	Besonderheit	ebenso
pouvoir	je peux *mit* -x	
vouloir	je veux *mit* -x	
prendre	nous prenons *aber* ils prennent	apprendre, comprendre
tenir	nous tenons *aber* ils tiennent	appartenir, venir *und* devenir
faire	vous faites	
dire	vous dites	
mettre	*Die Formen* mets *und* met *werden genauso wie* mais *(aber) ausgesprochen.*	permettre *(erlauben) und* promettre *(versprechen)*
plaire, connaître	accent circonflexe *bei der 3. Person Singular*: il plaît – il connaît	
recevoir	je reçois, tu reçois, il/elle reçoit *und* ils/elles reçoivent *mit* cédille	

T 15

36. Schreibe den Text, der dir auf der CD diktiert wird.

Vokabular	le court de tennis	Tennisplatz

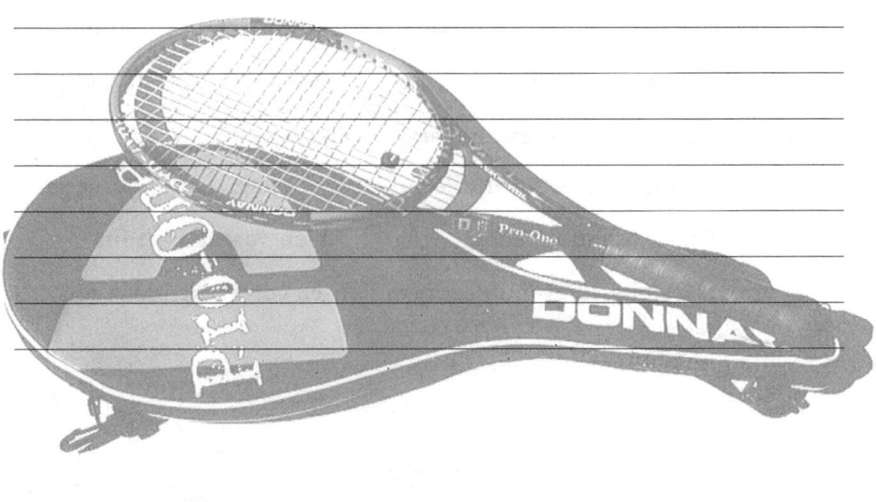

Die drei Hilfsverben: „être, avoir“ und „aller“

Lerne die Konjugation von *être, avoir* und *aller* auswendig, denn diese drei Verben werden ständig gebraucht! Nicht umsonst heißen sie **Hilfs**verben: *être* und *avoir* werden für das *passé composé* gebraucht, *être* zusätzlich für die Bildung der Passivformen und *aller* für die Bildung des Futurs. Bei allen drei Hilfsverben werden die 2. und 3. Person Singular gleich ausgesprochen, aber unterschiedlich geschrieben:

être: tu es, il/elle est [ɛ]
avoir: tu as, il/elle a [a]
aller: tu vas, il/elle va [a]

Tipps zu „être, avoir“ und „aller“ im Diktat

(1) *Etre* und *avoir* nach *on* (3. Person Singular)
Achte bei *être* und *avoir* genau auf die Bindung nach *on*:
Beispiel: *on_est, on_a.* Verwechsle diese Bindung nicht mit dem *n'* der Verneinung.
Merke: Die Verneinung besteht aus **zwei** Teilen: *ne … pas, ne … plus, ne … jamais, ne … rien.*
Sprich laut folgende Beispiele, damit du dich an die Formen gewöhnst. Vergiss dabei die Bindung nicht!
Beispiele: On_a cours. – On n'a pas cours.
T 16 On_a des amis. – On n'a pas d'amis.
On_est au collège. – On n'est plus au collège.

(2) *Etre* und *avoir* in der 3. Person Plural
Achte im Diktat auf die Bindungen in der 3. Person Plural.
Beispiele: Ils_ont – Elles_ont (Bei der Bindung ist das -s stimmhaft: [z].)
T 17 Ils sont – Elles sont (Hier ist das s- stimmlos [s].)

(3) *Etre* und das Verb *savoir* in der 3. Person Singular
C'est – je sais, tu sais, il/elle sait. Die Aussprache von *c'est* oder *sais/sait* ist die gleiche. Wie kannst du im Diktat wissen, um welches dieser zwei Verben es sich handelt? Wie wir vorher gesehen haben (vgl. S. 21), musst du genau auf die Subjektpronomen achten. Wenn du den Faden verloren hast, übersetze den Satz, den du nicht verstanden hast.
Beispiele: Nicole sait le français. C'est Nicole qui sait le français. Qui sait le français?
C'est Nicole. C'est qui? Qui sait?
(Die Frage: *Qui c'est?* kann nur in der Umgangssprache verwendet werden und bedeutet: „Wer ist diese Person?“)

(4) *Aller* und *faire* in der 3. Person Plural
aller: ils/elles vont
faire: ils/elles font
Das *v-* von *vont* wird **stimmhaft** gesprochen: [v] (wie das *w* in „Wasser“).
Das *f-* von *font* wird **stimmlos** gesprochen: [f] (wie das v in „Vater“).

37. Setze folgende Verben ein: *aller, faire, être, avoir, savoir.* Vergiss nicht, dass du manchmal auch apostrophieren musst!

Il ________ 7 heures, les élèves ________ au collège. Les professeurs ________ déjà là. On ________ lundi et les élèves ________ fatigués le matin. Ce ________ normal, ils ________ tard au lit le dimanche parce qu'ils ________ beaucoup de copains et parce qu'ils ________ souvent des fêtes ensemble. Quand on ________ élève, on ne ________ pas beaucoup de temps pour l'école. On ________ souvent avec des copains et eux, ils ________ tous sympas. Ils ________ aussi beaucoup d'idées et ________ toujours amusants. Avec eux, la vie ________ plus drôle. Tu ________ d'accord, non? Je ________ que, toi aussi, tu ________ souvent à des fêtes et que tu ________ beaucoup d'amis. Tu ________ que j'ai raison, ne ________-ce pas? Tu ________ sûrement d'accord avec moi, je le ________.

T 18

38. Jetzt kennst du alle Regeln und kannst den folgenden Text schreiben, der dir auf der CD diktiert wird.

4 Rund um Pronomen und Begleiter

Die Personal- und Adverbialpronomen

Die betonten Personalpronomen

Die betonten Personalpronomen *moi, toi, lui/elle, nous, vous, eux/elles* kannst du in folgenden Fällen verwenden:

(1) In verkürzten Sätzen, die kein Verb enthalten.
Beispiel: Qui a pris mon stylo? – Pas moi.

(2) Nach Präpositionen.
Beispiel: Elle part en vacances avec Pierre et Marie. Oui, elle part en vacances avec eux.

(3) In Verbindung mit Substantiven oder verbundenen Personalpronomen zur Hervorhebung.
Beispiel: Eux, ils vont à la plage et nous, nous restons à la maison.

39. Ersetze die kursiv gedruckten Wörter durch betonte Pesonalpronomen.

Martine est élève au lycée Victor Hugo. Elle a beaucoup d'amies et s'entend bien avec *ses amies* ______________. Elle a aussi un gentil copain, Pierre. *Son copain* ______________ ne va pas au lycée, il travaille dans l'entreprise de ses parents. *Ses parents* ______________, ils ont une librairie. Pierre aime bien travailler pour *ses parents* ____________ parce qu'il n'a pas de problèmes avec *ses parents* ______________. Martine sort souvent avec son copain. Avec *son copain* ____________, la vie est plus intéressante et elle ne peut pas s'imaginer vivre sans *son copain* ______________. Catherine, son amie lui dit souvent: «__________, tu as de la chance d'avoir un copain comme Pierre, ________, je voudrais bien pouvoir sortir avec un copain comme *Pierre* ____________. Au fait, dans une semaine, nous faisons une fête à la maison, chez ________. Est-ce que vous voulez venir tous les deux? Mes cinq copines, __________, elles viennent et __________, vous venez aussi?»

Die unbetonten Personalpronomen

Die folgende Tabelle zeigt die Formen der unbetonten Personalpronomen. Präge sie dir gut ein!

		Sujet (*Nominativ*)	Objet direct (*Akkusativ*)	Objet indirect/complément d'attribution (*Dativ*)
Singular	1. Pers.	je	me	me
	2. Pers.	tu	te	te
	3. Pers.	il/elle	le/la	lui
Plural	1. Pers.	nous	nous	nous
	2. Pers.	vous	vous	vous
	3. Pers.	ils/elles	les	leur

Zu den Personalpronomen in der Funktion *sujet* siehe S. 21 im Kapitel „Rund ums Verb im Präsens".

Beachte: Die Personalpronomen stehen immer vor dem konjugierten *Verb (je le mange, je les prends)*, außer beim bejahten Imperativ *(mange-le, prends-les)*.

In den Funktionen *objet direct* und *objet indirect* stimmen die Singular- und die Pluralformen der ersten und zweiten Person jeweils überein *(me, te – nous, vous)*.

Die unbetonten Personalpronomen – Tipps für das Diktat

(1) *Me/te* und *le/la* werden vor Vokal apostrophiert.

Beispiele: Elle m'a donné des bonbons. Elles m'ont offert un apéritif.
Il t'a invité? Ils t'ont donné le cadeau?
Elle l'a mangé. (le = le gâteau)
Il l'a mangée. (la = la pomme) (Zur Angleichung des *participe passé* siehe S. 51 ff.)

M'a, t'a, m'ont, t'ont können mit den Possessivpronomen *ma, ta, mon, ton* verwechselt werden, *l'a* kann mit dem weiblichen Artikel *la* verwechselt werden. Im Zweifelsfall gibt das nachfolgende Wort Aufschluss:

- Folgt ein Verb, so handelt es sich um ein apostrophiertes Personalpronomen.
- Folgt ein Substantiv, so handelt es sich um ein Possessivpronomen oder um den bestimmten Artikel: *ma fille, ta mère, mon fils, ton professeur, la femme.*

(2) *Le* und *les* stehen als Personalpronomen vor Verben. Wenn du nicht erkennst, ob es sich um *le* [lə] oder *les* [le]handelt, lies den vorhergehenden Satz und suche nach dem Bezugswort:

Beispiel: Pierre et Luc achètent un disque. Pierre le donne à la vendeuse et le paie.
Pierre et Luc achètent des disques. Pierre les donne à la vendeuse et les paie.

40. Setze die richtigen Personalpronomen ein.

a) Sylvie a les clés? – Oui, elle ______ a.

b) Ils regardent la télévision? – Non, ils ne ______ regardent pas.

c) Vous cherchez l'Hôtel de la Poste? – Oui, nous ______ cherchons.

d) Tu ouvres la porte, s'il te plaît? – Oui, je ______ ouvre.

e) – Sylvie, Pierre ______ a donné ma cassette?

– Non, il ne ______ a pas donné ta cassette.

– Alors, il ______ a oubliée.

– Il oublie toujours tout!

f) – Françoise, qui ______ a invitée?

– Jean ______ a invitée.

– Il ______ a appelée?

– Oui, il ______ a appelée hier.

Die Adverbialpronomen „en" und „y"

Die Adverbialpronomen *en* und *y* stehen wie die Personalpronomen vor dem konjugierten Verb. Eine Ausnahme bildet der bejahte Imperativ *(manges-en, vas-y)*.

Beispiele: Il a de la chance. Oui, c'est vrai, il en a.
Il n'a pas de chance. – Non, il n'en a pas.
(Achte bei diesen Sätzen genau auf die Verneinung.
Hörst du **kein** *pas*, dann darfst du **kein** *ne* schreiben!)
Tu vas à Paris? – Oui, j'y vais.
Tu ne vas pas à Paris? – Non, je n'y vais pas.

Die **bejahte** Imperativform Singular der Verben der 1. Gruppe auf *-er* erhält in Verbindung mit den Adverbialpronomen *en* oder *y* die Endung *-s*.

Beispiel: Manges-en. (Hier hörst du die Bindung.) *Aber:* N'en mange pas.
Vas-y. (Hier hörst du die Bindung.) *Aber:* N'y va pas.

41. Da du jetzt die Personal- und Adverbialpronomen kennst, kannst du die folgenden Diktate schreiben. Höre genau hin und denke mit! Das erste Diktat ist im Präsens geschrieben, das zweite im *passé composé.* Schreibe das zweite Diktat erst, wenn du im Unterricht das *passé composé* durchgenommen hast.

T 19

a) Diktat im Präsens:

T 20

b) Diktat im *passé composé:*

Die Possessivbegleiter

Die folgende Tabelle zeigt dir die Formen der Possessivbegleiter. Präge dir die Tabelle gut ein!

		Substantiv im Singular		Substantiv im Plural
		männlich	**weiblich**	**männlich oder weiblich**
	1. Pers.	mon	ma	mes
Singular	2. Pers.	ton	ta	tes
	3. Pers.	son	sa	ses
	1. Pers.	notre	notre	nos
Plural	2. Pers.	votre	votre	vos
	3. Pers.	leur	leur	leurs

Beachte: *Votre* und *vos* ist auch die Höflichkeitsform!

„Leur" – Tipps für das Diktat

Leur kann ein Personalpronomen oder ein Possessivbegleiter sein.

- Als Personalpronomen ist *leur* unveränderlich und steht immer vor dem konjugierten Verb.
- Als Possessivbegleiter ist *leur/leurs* veränderlich und richtet sich nach dem Substantiv, das folgt.

Beispiele: Pierre leur demande quand ils viennent.
(*Leur* ist hier Personalpronomen und ersetzt z. B. *ses amis.*)

Pierre et Patrick rangent leur chambre/leurs chambres.
(*Leur/leurs* ist hier Possessivbegleiter und richtet sich nach dem Substantiv *chambre/chambres*:
- Wenn Pierre und Patrick gemeinsam ein Zimmer haben, schreibst du *leur chambre* im Singular.
- Wenn jeder ein Zimmer hat, schreibst du *leurs chambres* im Plural.
- Wenn aus dem Kontext nicht klar wird, ob es ein oder mehrere Zimmer sind, kannst du *leur chambre* oder *leurs chambres* schreiben.)

Leurs‿amis sont sympathiques.
(Wenn das Substantiv nach *leurs* mit Vokal anfängt, hörst du die Bindung.)

42. *Leur* oder *leurs*? Setze die fehlenden Pronomen ein.

Pierre et Patrick passent __________ vacances ensemble en Bretagne. __________ parents ont une maison à Quimper et, tous les ans, ils retrouvent __________ copains et copines. Quand ils arrivent le 15 août, __________ copains __________ demandent combien de temps ils vont rester dans __________ maison. Les deux frères __________ disent qu'ils vont rester quinze jours ici parce qu'après, ils vont faire __________ valises et partir pour l'Angleterre. __________ parents __________ payent un séjour linguistique parce que __________ notes d'anglais sont vraiment trop catastrophiques!

__________ amis regrettent un peu que __________ séjour en Bretagne ne dure pas longtemps. Mais, ça ne fait rien, ils __________ ont fait un programme d'activités super. Toutes __________ nuits sont déjà programmées: Tous les copains font __________ fête à des dates différentes. __________ vacances vont sûrement __________ plaire, mais, en Angleterre, ils vont être fatigués de __________ séjour en Bretagne!

Die Demonstrativbegleiter

Es gibt vier Formen der Demonstrativbegleiter:

	männlich	weiblich
Singular	ce/cet	cette
Plural	ces	

Die Demonstrativbegleiter – Tipps für das Diktat

(1) *Cet* wird genauso ausgesprochen wie *cette*. *Cet* steht nur vor männlichen Substantiven, die mit einem Vokal oder mit einem stummen *h* anfangen. *Cette* dagegen nur vor weiblichen Substantiven.

Beispiele: cet anorak, cet hôtel – *aber:* cette femme, cette histoire, …

Außerdem werden *cet/cette* genau wie die Zahl *sept* oder die Stadt *Sète* in Südfrankreich ausgesprochen. Aus dem Zusammenhang kannst du häufig erkennen, um welches Wort es sich handelt.

Beispiele: Cette année, ils sont allés à sept à Sète *oder* … à Sète à sept.
Elle habite dans cet appartement.
Pendant les vacances, elle loue sept appartements.
(In diesem Fall bedeutet *louer* vermieten.)

Manchmal gibt es zwei Möglichkeiten und eine davon ist die wahrscheinlichere.

Beispiel: Elle part cette semaine en vacances.
Elle part sept semaines en vacances.
(In diesem unwahrscheinlichen Fall müsste die Frau sieben Wochen Urlaub haben.)

(2) *Ce* wird genauso ausgesprochen wie das Reflexivpronomen *se*. *Ce* steht aber nur vor männlichen Substantiven, die mit einem Konsonanten anfangen. *Se* dagegen kommt nur vor einem Verb vor.

Beispiel: Ce garçon se lève tous les matins à sept heures.

(3) *Ces* wird genauso ausgesprochen wie die Formen von *être*: *c'est*, *s'est* + Partizip Perfekt, wie die Formen von *savoir: sais, sait* und wie der Possessivbegleiter *ses*.

Beispiele: Je sais que c'est un garçon formidable. Ses parents sont aussi très gentils. Il ne s'est pas souvent disputé avec ses parents. Je connais ces gens depuis très longtemps.

43. Setze den passenden Demonstrativbegleiter ein.

a) ___________ semaine, nous allons à la mer.

b) ___________ week-end, Luc va faire du ski avec ses copains.

c) Il n'y a personne dans les rues à ___________ heure.

d) Je ne connais pas ___________ gens.

e) Mes parents vont toujours dans ___________ hôtel.

f) ___________ succès sont extraordinaires

g) ___________ ordinateur est vraiment trop cher.

h) ___________ voyage a été super.

44. Lucien findet eine Schachtel mit vielen Fotos. Schau dir die Fotos an und setze die Substantive mit den passenden Demonstrativbegleitern ein.

a) Lucien retrouve des photos et se pose des questions:

«Qui est ______ ________________?»

«Qui est ______ ________________?»

«Qui est ______ ________________?»

«Qui sont ______ ________________?»

b) Nadine arrive. Lucien lui montre deux photos. Il dit:

«Tu vois ______________ à droite?
et regarde ______________ à gauche.
Juste après la photo, j'ai eu un accident et on m'a transporté à l'hôpital.»

«Tu vois, ______________ au milieu est à moi. ____________ avec la carte, c'est Patrick.
A gauche, ________________, c'est notre hôtel. Et là où tu vois ________ deux ________________, c'est nos chambres.»

T 21

45. Höre dir den Text genau an und versuche, die Demonstrativpronomen von den anderen oben genannten Formen zu unterscheiden. Schreibe dann das Diktat.

Die Fragepronomen

Die meisten Fragepronomen sind unveränderlich (*pourquoi, qui, que …*) und bereiten im Diktat daher kaum Probleme. Auf zwei Fragepronomen solltest du jedoch besonders achten: Das Fragepronomen *que* mit Inversion und das veränderliche Fragepronomen *quel, quelle, quels, quelles.*

Das Fragepronomen „que“ mit Inversion

Das Fragepronomen *que* wird vor einem Vokal apostrophiert:

Beispiele: Qu'a-t-il fait?
Qu'ont-ils dit?

46. Ersetze das Fragepronomen *qu'est-ce que* durch die verkürzte Form *que* mit Inversion.
Beispiel: *Qu'est-ce qu'ils vont faire? – Que vont-ils faire?*

a) Qu'est-ce qu'elle a? ______

b) Qu'est-ce qu'il y a? ______

c) Qu'est-ce que nous offrons? ______

d) Qu'est-ce qu'ils leur ont dit? ______

e) Qu'est-ce que vous aimez? ______

f) Qu'est-ce qu'ils ont appris? ______

g) Qu'est-ce qu'ils ouvrent? ______

h) Qu'est-ce qu'ils espèrent? ______

i) Qu'est-ce que tu achètes? ______

Das Fragepronomen „quel, quelle, quels, quelles“

Bei dem Fragepronomen *quel* gibt es vier verschiedene Formen, die gleich ausgesprochen werden. *Quel* richtet sich wie ein Adjektiv in Numerus und Genus nach dem dazugehörigen Substantiv.

Beispiele: Quel voyage? Quels voyages?

(Im Deutschen ist das Wort „Reise“ weiblich, aber die französische Entsprechung *voyage* ist männlich. Deshalb verwendest du die männliche Form *quel / quels*.)

Quelle table? Quelles tables?

(Bei dem Wort „Tisch“ ist es umgekehrt: Die französische Entsprechung *table* ist weiblich, deshalb verwendest du die weibliche Form *quelle / quelles*.)

T 22

47. Ordne den Substantiven die richtige Form von *quel* zu. Achte darauf, dass die Artikel im Deutschen und im Französischen nicht unbedingt identisch sind, und höre genau hin, ob es sich um Singular oder Plural handelt. Schreibe die Sätze, die dir diktiert werden.

a) ______________________________?

b) ______________________________?

c) ______________________________?

d) ______________________________?

______________________________?

e) ______________________________?

f) ______________________________?

______________________________?

g) ______________________________?

h) ______________________________?

i) ______________________________?

j) ______________________________?

5 Rund ums Adjektiv

Die Adjektive – Tipps für das Diktat

Adjektive richten sich in ihrer Form immer nach dem Substantiv, das sie ergänzen.

- Um die weibliche Form des Adjektivs zu bilden, fügt man in der Regel ein *-e* an. Dieses *-e* bewirkt, dass man bei Adjektiven, die auf einen Konsonanten enden, den Endkonsonanten hört: Bei *petit* [pəti] z. B. wird das -t nicht ausgesprochen, wohl aber bei der weiblichen Form *petite* [pətit].
  Adjektive, die auf *-e* enden, erhalten **kein** zusätzliches *-e* und werden männlich wie weiblich gleich ausgesprochen. Zum Beispiel *jaune* (gelb), *triste* (traurig), *sympathique* …
- Adjektive erhalten im Plural in der Regel ein *-s*.
- Achte darauf, ob das Substantiv, das vom Adjektiv näher bestimmt wird, männlich oder weiblich ist und ob es im Singular oder im Plural steht, und gleiche das dazugehörige Adjektiv entsprechend an. Bezieht sich das Adjektiv **gleichzeitig** auf männliche und weibliche Substantive, so erhält es **nur** die **männliche** Endung im Plural.
  Beispiele: Chers Sylvie et Paul. Des hommes et des femmes heureux.

  Merke: In der Grammatik setzt sich die männliche Form immer durch.

Das Adjektiv als Attribut

Das Adjektiv als Attribut steht gleich nach dem Substantiv. Einige Adjektive werden aber dem Substantiv vorangestellt. Dazu gehören folgende wichtige Adjektive, die du auswendig lernen solltest:

vorangestelltes Adjektiv	Bedeutung	Ausnahmen
beau, bel, belle	schön	
bon, bonne	gut	
cher, chère	lieb	In der Bedeutung „teuer" wird es nachgestellt: *un voyage cher.*
dernier, dernière	letzte, -r, -s	In der Bedeutung „vorige, voriger" wird es nachgestellt: *la semaine dernière.*
grand, -e	groß	
jeune	jung	
joli, -e	hübsch, nett	
mauvais, -e	schlecht	
nouveau, nouvel, nouvelle	neu	
prochain, prochaine	nächste, -r, -s	In Verbindung mit *semaine, mois* und *an(née)* wird es nachgestellt: *l'année prochaine.*
vieux, vieil, vieille	alt	

Die meisten anderen Adjektive werden nachgestellt.

48. Gleiche die Adjektive an und setze sie an die richtige Stelle.

Nicole montre des photos à son ________________ amie ________________ (allemand). Elle a des ________________ parents ______________ (sympathique). Sur une photo, on voit une ______________ maison ____________ (petit). C'est la maison de ses grands-parents. La ________________ année ________________ (dernier), Nicole a passé ses ________________ vacances ____________ (grand) chez eux. Les grands-parents ont un ______________ chien ______________ (bon/vieux). Elle voulait faire des promenades avec lui, mais elle est tombée malade. Le docteur lui a donné des ____________ médicaments ______________ (cher). Pour elle, ces vacances sont encore un ____________ souvenir ____________ (mauvais)!

„bel, belle“ – „nouvel, nouvelle“ – „vieil, vieille“

Die Formen *bel, nouvel* und *vieil* (von *beau, nouveau* und *vieux*) kommen nur in Verbindung mit einem männlichen Substantiv vor, das mit einem Vokal oder mit einem stummen *h* anfängt.

Beispiele: un bel anorak, un bel hôtel
un nouvel anorak, un nouvel hôtel
un vieil anorak, un vieil hôtel

Die Formen *belle, nouvelle* und *vieille* ergänzen ein weibliches Substantiv. Die Pluralformen *belles, nouvelles* und *vieilles* werden wie die anderen Formen ausgesprochen. Achte deshalb auf die Konjugationsendung des Verbs bzw. auf den Artikel, um zu erkennen, ob es sich um die Singular- oder die Pluralform handelt:

Beispiel: Nous avons des belles maisons/de belles maisons.
(Der Artikel *des* bzw. *de* weist bei vorangestellten Adjektiven auf die Pluralform des Adjektivs hin.)
Les nouvelles maisons ne me plaisent pas.
(An dem Artikel *les* und an der Endung des Verbs *-ent* erkennst du, dass auch hier die Pluralform des Adjektivs verlangt wird.)

49. Setze die Adjektive *vieux, nouveau* und *beau* ein. Füge den unbestimmten Artikel im Singular hinzu.

a) ______________________ ordinateur (vieux)

b) ______________________ école (vieux)

c) ______________________ chat (vieux)

d) ______________________ ballon (nouveau)

e) ______________________ immeuble (nouveau)

f) ______________________ table (nouveau)

g) ______________________ porte (beau)

h) ______________________ sac (beau)

i) ______________________ hôpital (beau)

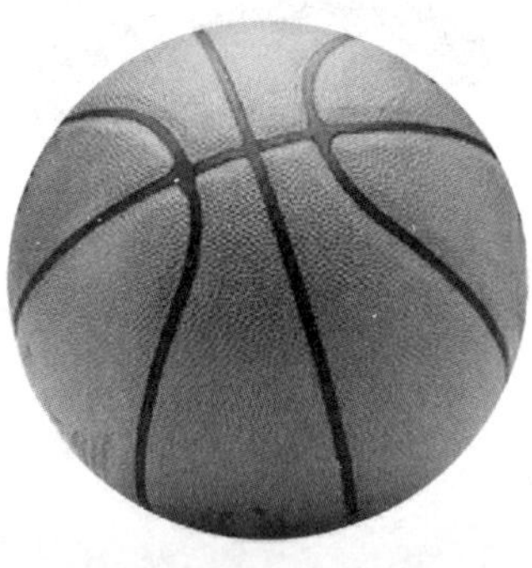

Adjektive, die auf „-i, -l, -r“oder „-eu“ enden

Bei diesen Adjektiven *(poli, joli, gai, seul, noir, bleu)* unterscheiden sich weder die männliche noch die weibliche Form, weder Singular noch Plural in der Aussprache. Achte also auf den Artikel und auf die Konjugationsendung des Verbs, um im Diktat die richtige Form zu erkennen.

Beispiele: un pull noir – une chemise noire
des pulls noirs – des chemises noires
(Die Aussprache von *noir* ist also für alle Formen gleich: [nwaʀ].)

50. Setze nun die richtige Form ein:

a) une élève ________________ (poli)

b) Ce sont des commerçants ________________. (poli)

c) C'est vraiment une ________________ fille. (joli)

d) A Noël, nous faisons de ________________ paquets. (joli)

e) Elle a deux ________________ souris. (joli)

f) J'aime les gens ________________. (gai)

g) Ce sont des enfants ________________. (seul)

h) Elles aiment les robes ________________. (noir)

i) Il a deux couvertures ________________. (bleu)

j) J'aime bien la couleur ________________. (bleu)

k) Elle a les yeux ________________. (bleu)

Adjektive, die auf „-e“ enden

Bei diesen Adjektiven werden Singular- und im Pluralform gleich ausgesprochen. Hier helfen dir wieder die Artikel.

Beispiele: un pull rouge – des pulls rouges
un canari jaune – des canaris jaunes
une personne sympathique – des personnes sympathiques

Das Adjektiv „cher, chère, chers, chères“

Das Wort *cher* hat nur in der weiblichen Form einen *accent grave*. Alle Adjektive, die auf *-er* enden, bilden die weibliche Form auf *-ère*.

Beispiele: dernier, dernière; premier, première

Die Besonderheit von *cher* liegt darin, dass alle vier Formen gleich ausgesprochen werden: [ʃɛʀ]. Achte daher auf das folgende Substantiv, um die richtige Form zu erkennen.

51. Setze nun die richtigen Formen von *cher* ein.

a) ____________ amis

b) ____________ Martine

c) ____________ François et Marie

d) ____________ parents

e) ____________ Dominique

f) ____________ Amélie et Fabienne

Adjektive, die unveränderlich sind

Einige Adjektive sind unveränderlich, z. B. *super* und *chic*. Das gilt auch für Adjektive, die sich von einer Frucht ableiten lassen: *orange, marron*.

Das Adjektiv als prädikative Ergänzung

(1) Das Adjektiv als prädikative Ergänzung des Subjekts:
Nach den Verben *être*, *paraître* (scheinen), *sembler* (scheinen), *rester* u. a. folgt immer eine prädikative Ergänzung des Subjekts. Handelt es sich dabei um ein Adjektiv, so richtet es sich in seiner Form nach dem Subjekt.

Beispiel: Nicole et Sylvie sont sympathiques.

(Das Adjektiv *sympathiques* gibt Auskunft über (ergänzt) das Subjekt *Nicole et Sylvie*.)

(2) Das Adjektiv als prädikative Ergänzung des Objekts:
Nach dem Verb *trouver* folgt oft eine prädikative Ergänzung des Objekts. Handelt es sich dabei um ein Adjektiv, so richtet es sich in seiner Form nach dem Objekt.

Beispiel: Je trouve Nicole et Sylvie sympathiques. Je les trouve sympathiques.

(In diesem Beispiel ergänzt das Wort *sympathiques* nicht das Subjekt *Je*, sondern das direkte Objekt *Nicole et Sylvie* bzw. das direkte Objektpronomen *les*.)

52. Und nun trage die richtigen Formen der Adjektive ein!

a) Elles sont vraiment très ____________. (petit)

b) Nos voisins sont ____________. (charmant)

c) Les oranges ne sont pas ____________ (bon), elles sont ____________. (mauvais)

d) Ils semblent ____________. (malade)

e) Ces fautes ne me paraissent pas très ____________. (grave)

f) Ce n'est vraiment pas ____________ (normal): les élèves sont toujours ____________ (passif) au cours de mathématiques et ____________ (actif) au cours de français!

g) Cette femme est très ____________. (gentil) et je la trouve très ____________. (intéressant).

h) Dix ans ont passé, mais elles sont restées ____________ et ____________ (beau / jeune)

i) Attention, ces deux chiens sont vraiment ____________ (méchant).

j) Tu peux m'aider? Ces sacs sont trop ____________ (lourd) pour moi.

k) Est-ce que ces exercices te paraissent trop ____________ (difficile)?

l) Pendant les vacances, elles restent ____________ (seul) à la maison.

53. Nachdem wir nun alle Formen des Adjektivs besprochen haben, wirst du sicherlich die nächsten Diktate ohne viele Fehler schreiben.

T 23

a) Beim ersten Diktat handelt es sich um einen Brief (Präsens und Futur):

T 24

b) Für das zweite Diktat solltest du das *passé composé* und das *imparfait* im Unterricht schon besprochen haben:

6 Rund um die Zeiten

In diesem Kapitel werden wir uns mit zwei Zeiten befassen: dem *imparfait* und dem *passé composé.*

Das „imparfait"

Bei allen Verbgruppen werden die Singularformen und die 3. Person Plural im *imparfait* gleich ausgesprochen: *Je parlais, tu parlais, il/elle parlait, ils/elles parlaient* [parlɛ]. Um im Diktat die richtige Endung zu erkennen, musst du dich nach dem Subjekt richten.

Beispiel: Nadine parlait tout le temps. Ses amies écoutaient.

Verben, deren Stamm auf *-i* endet (z. B. *crier, prier*), haben in der 1. und 2. Person Plural *imparfait* zwei -i.

Beispiele: Nous criions, vous criiez, nous priions, vous priiez.

Bei den Verben auf *-cer* und *-ger* gibt es im *imparfait* die gleiche Besonderheit wie im Präsens (siehe S. 26).

(1) Die Verben auf *-cer*:
Wie bei der 1. Person Plural Präsens musst du hier an die *cédille* denken.
Beispiel: Je commençais, tu commençais, il/elle commençait, ils/elles commençaient.
Die *cédille* ist obligatorisch vor einem *-a*, *-o* oder *-u*. Die 1. und 2. Person Plural des *imparfait* werden also ohne *cédille* geschrieben.
Beispiel: nous commencions, vous commenciez

(2) Die Verben auf *-ger*:
Denke wie bei der 1. Person Plural Präsens hier an das *-e* nach dem *-g-*.
Beispiel: Je mangeais, tu mangeais, il/elle mangeait, ils/elles mangeaient
Das *-e* ist obligatorisch vor *-a*, *-o* oder *-u*. Die 1. und 2. Person Plural *imparfait* wird ohne *-e-* vor dem *-g* geschrieben.
Beispiel: nous mangions, vous mangiez

54. Nachdem du die Regeln kennst, wirst du ohne Schwierigkeiten die Imparfaitendungen folgender Verben einsetzen:

a) Nous nag_______ tous les jours.

b) Les professeurs pronon_______ les noms des meilleurs élèves.

c) Ma mère entr_______ toujours dans ma chambre, ce qui me dérang_______ profondément.

d) Le professeur d'anglais nous corrig_______ toujours.

e) Je ne fais_______ rien et le jour du test de contrôle avan_______.

f) En 2001, on chang_______ encore des francs en marks.

g) Sa spécialité ét_______ de ne jamais ranger sa chambre.

h) Elles nous annon_______ tous les jours une mauvaise nouvelle.

T 25

55. Versuche nun, das nächste Diktat fehlerfrei zu schreiben.

Das „passé composé" mit „être"

Achte beim *passé composé* vor allem auf die Hilfsverben *être* und *avoir*. Wenn das *passé composé* mit *être* gebildet wird, gleicht man das Partizip Perfekt (z. B. *venu*) an das Subjekt („Wer oder was?") an. Dem Partizip Perfekt wird – wie einem Adjektiv – ein -*e* in der weiblichen Form und ein -*s* im Plural angefügt.

Beispiele: Il est venu_ chez moi.
Elle est venue chez moi.
Ils sont venus chez moi.
Elles sont venues chez moi.

Beachte: Die vier verschiedenen Formen von *venu(e)(s)* werden alle gleich ausgesprochen.

56. Setze nun die richtigen Formen des Partizip Perfekt ein.

a) Sylvie et sa mère sont ________ au marché. (allé)

b) Marie est ________ hier. (arrivé)

c) Quoi? Elle est encore ________! (sorti)

d) Pierre et ses amies sont ________ en vacances. (parti)

e) Combien de temps est-ce que vous êtes ________ à Paris, Madame Sorel? (resté)

f) A quelle heure êtes-vous ________, Sylvie et Annie? (rentré)

g) Où est-ce que tu es ________, Fabien? (tombé)

h) Qui est ________? (descendu)

i) Les enfants sont déjà ________ dans leur chambre? (monté)

j) Martine, est-ce que tu es ________ à la pharmacie? (passé)

k) Ces deux cousins sont ________ en 1938 (né) et sont ________ en 2001. (mort)

Das „passé composé“ mit „avoir“

Hier kann das Subjekt keine Veränderung des Partizips bewirken. Bei *avoir* stellt man sich nicht mehr die Frage nach dem Subjekt („Wer oder was?“), sondern nach dem direkten Objekt („Wen oder was?“). Es sind zwei Fälle zu unterscheiden:

(1) Das direkte Objekt (Akkusativ) steht **nach** dem Partizip Perfekt. In diesem Fall bleibt das **Partizip Perfekt unveränderlich**.

Beispiel: Annie a invité des copains.
(Wen hat *Annie* eingeladen? – *des copains. Des copains* ist nachgestellt, also erfolgt keine Angleichung des Partizip Perfekt.)

(2) Das direkte Objekt (Akkusativ) steht **vor** dem Partizip Perfekt. In diesem Fall musst du das **Partizip Perfekt** an das direkte Objekt **angleichen**. Damit du dich leichter tust, wollen wir zusammen prüfen, wann ein vorangestelltes direktes Objekt im Satz auftreten kann. Die Angleichung des Partizip Perfekt ist notwendig

- nach den Personalpronomen für das direkte Objekt *la* und *les*,
- nach dem Relativpronomen *que*,
- nach den Fragewörtern *quel(le)(s)* und *combien de*,
- nach *me, te, se, nous, vous* als direkte Personalpronomen.

Angleichung bei den Personalpronomen für das direkte Objekt „la“ und „les“

Beipiele: Tu as invité Marie? – Oui, je l'ai invitée. (*l'* ersetzt *Marie*)

Tu as invité tes copains? – Oui, je les ai invités. (*les* ersetzt *tes copains*)

Tu as invité tes amies? – Oui, je les ai invitées. (*les* ersetzt *tes amies*)

57. Korrigiere jetzt die unterstrichenen Partizipien der nächsten Übung, die meist falsch sind. Doch Vorsicht! Einige sind auch richtig geschrieben.

a) Raymond a une belle voiture. Il l'a acheté en Espagne. ____________

b) Tu as mis la table? – Oui, je l'ai mis. ____________

c) Où sont les sandwichs? Tu les as mis dans le sac bleu? ____________

d) Nos vacances?, nous les avons passé en Italie. ____________

e) Tu as compris ce texte? – Oui, je l'ai compris. ____________

f) Christine et Sylvie sont là? – Oui, je les ai vu ce matin à la banque. ____________

g) Tu aides Annie en mathématiques? – Mais je l'ai déjà aidé! ____________

Angleichung beim Relativpronomen que

Beispiel: La dame que j'ai vue ce matin, travaille à la banque.

(Das Relativpronomen ersetzt das direkte Objekt *la dame*. Hier musst du das Partizip Perfekt an das Bezugswort von *que* (= *la dame*) angleichen.)

Das Bezugswort des Relativpronomens steht immer unmittelbar davor. Wenn es z. B. mehrere Frauen sind, musst du mit *-e* und *-s* angleichen.

Beispiel: Les dames que j'ai rencontrées ce matin, sont très sympathiques.

58. Nachdem du jetzt das ganze System beherrschst, wirst du sicherlich die nächsten Partizipien richtig schreiben und alle Fehler entdecken.

a) Les voyages que nous avons fait en Chine nous ont toujours plu. ______

b) Où as-tu mis les boissons que j'ai acheté? ______

c) La bière qu'il a bu n'était pas super. ______

d) Il n'a pas encore reçu les lettres que nous lui avons écrit. ______

e) J'ai beaucoup aimé les poissons qu'il a pris. ______

f) Les villes que vous avez vu m'intéressent aussi. ______

g) J'ai vu les cadeaux qu'elle a reçu. ______

h) Les gâteaux qu'elles ont fait sont formidables. ______

Angleichung bei den Fragewörtern „quel(le)(s)“ und „combien de“

Da diese Fragewörter immer am Anfang des Satzes stehen, musst du das Partizip Perfekt angleichen, wenn *quel(le)(s)* + Substantiv direktes Objekt ist.

Beispiel: Quelles lettres avez-vous écrites?

(*Quelles lettres* ist hier das vorangestellte direkte Objekt (Akkusativ). Deshalb wird das Partizip Perfekt angeglichen.)

Vorsicht aber, wenn *quel(le)(s)* als **Subjekt** gebraucht wird:

Beispiel: Quelles personnes ont vu le match?

(In diesem Satz ist *Quelles personnes* Subjekt. Eine Angleichung des Partizip Perfekt ist also nicht notwendig.)

Bei *combien de* musst du **immer** das Partizip Perfekt angleichen.

Beispiel: Combien de lettres avez-vous écrites?

(*Combien de lettres* ist hier das direkte Objekt (Akkusativ). Deshalb wird das Partizip Perfekt angeglichen.)

59. Damit du nicht aus der Übung kommst, versuche die richtige Angleichung herauszufinden. Gleiche auch das Wort *quel* an, falls nötig!

a) Quel________ amis as-tu invité________?

b) Combien de cassettes avez-vous acheté________?

c) Quel________ personnes a-t-elle reçu________?

d) Quel________ dame a appelé________ l'ambulance?

e) Combien de livres avez-vous lu________?

f) Quel________ note a-t-il eu________?

g) Combien de photos avez-vous pris________?

h) Quel________ élèves n'ont pas fait________ leurs devoirs?

Wenn im Diktat die Pronomen *la, les, que, quel(le)s* und *combien de* vorkommen, solltest du also besonders hellhörig sein. Es gibt aber auch Personalpronomen als direktes Objekt (Akkusativ) und als indirektes Objekt (Dativ), die genau die gleichen Formen haben. Stelle dir also immer die Frage nach dem direkten Objekt „Wen oder was ...?“.

Angleichung bei „me, te, se, nous, vous" als direkte Personalpronomen

Beispiel: Elles nous (= les garçons) ont appelés. (appeler quelqu'un)

(Hier ersetzt *nous* das direkte Objekt *les garçons*, deshalb musst du das Partizip Perfekt auf männlich, Plural mit *-s* angleichen.)

Beispiel: Ils vous (= Mme Durand et Mme Dupont) ont invitées? (inviter quelqu'un)

(Hier ersetzt *vous* das direkte Objekt *Mme Durand* und *Mme Dupont*, deshalb musst du das Partizip Perfekt auf weiblich, Plural mit *-es* angleichen.)

Das Personalpronomen *se* kommt immer bei den reflexiven Verben vor. Wie du schon weißt, werden die reflexiven Verben mit *être* konjugiert, aber sie haben die gleichen Angleichungsregeln wie die mit *avoir* konjugierten Verben.

Beispiele: Marie s'est lavée.

(Das Personalpronomen *se* ersetzt hier *Marie* (= direktes Objekt). Du musst hier die Frage stellen: **Wen** hat Marie gewaschen? Antwort: sich.)

Marie s'est lavé les mains.

(Hier ist das direkte Objekt *les mains* (Frage: **Wen oder was** hat Marie gewaschen? – Antwort: *les mains*) und *se* ist logischerweise ein indirektes Objekt (Frage: **Wem** hat Marie die Hände gewaschen? – Antwort: *se*). Und wie du bereits weißt, darfst du nur angleichen, wenn das **direkte** Objekt vorangestellt ist.)

60. Es folgen einige Übungen, damit du dich leichter tust. Gleiche das Partizip Perfekt an.

a) Elles nous ont écrit________. (nous = Paul et Marie)

b) Elles se sont envoyé________ des lettres?

c) Ils se sont regardé________.

d) Tu t'es couché________ à quelle heure? (te = Annie)

e) Nous nous sommes reposé________. (nous = les filles)

f) Vous vous êtes acheté________ une robe? (vous = Mme Dupont)

g) Ils se sont tout de suite levé________.

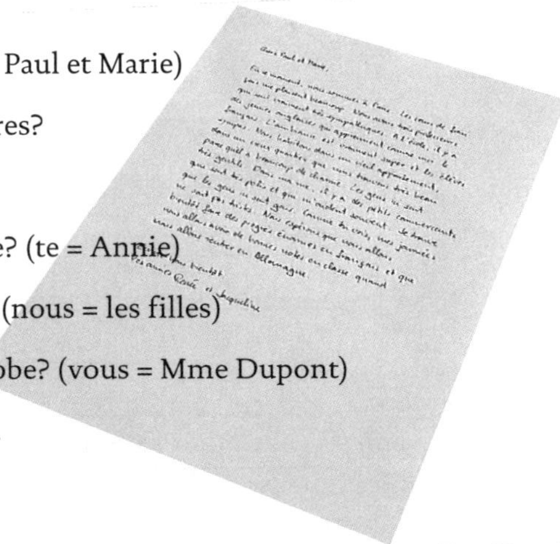

61. Nun hast du bestimmt alle Regeln im Kopf. Damit du sie systematisch üben kannst, stehen dir drei kurze Diktate zur Verfügung: Im ersten Diktat wird das *passé composé* nur mit *être*, im zweiten Diktat nur mit *avoir* gebildet. Im dritten Diktat kommen beide Möglichkeiten vor.

T 26

a) *Passé composé* mit *être.* Höre gut zu und vergiss keine Angleichung!

T 27

b) *Passé composé* mit *avoir.* Höre gut zu und denk bei jeder Partizipform nach!

Vokabular	une vingtaine	etwa 20

T 28

c) *Passé composé* mit *être* und *avoir*. Nach den beiden ersten Übungen wirst du nun sicherlich keine Fehler mehr machen!

Vokabular	le cabinet	die Arztpraxis

7 Und nun noch einige hilfreiche Tipps …

In diesem Kapitel lernst du eine Reihe weiterer Besonderheiten der französischen Sprache kennen, die für das Diktat wichtig sind. Dazu zählen die unregelmäßigen Pluralformen der Substantive und die Schreibung von so genannten Homophonen – von Wörtern, die gleich ausgesprochen, aber unterschiedlich geschrieben werden.

Unregelmäßige Pluralformen

Singular-endung	Plural-endung	Beispiel	Ausnahmen
-al	-aux	un animal, des animaux	
-au	-aux	le noyau, les noyaux (dt. *Kern*)	le landau, les landaus (dt. *Kinderwagen*)
-eau	-eaux	une eau, des eaux	
-eu	-eux	un jeu, des jeux	un pneu, des pneus
-x, -s, -z	-x, -s, -z	un prix, des prix un pays, des pays un nez, des nez	

Beachte außerdem:

(1) Substantive auf *-ail* erhalten im Plural in der Regel ein *-s*: *le détail –les détails*. Es gibt aber einige Ausnahmen, wie z. B. *le travail – les travaux*.

(2) Unregelmäßigkeiten bei Anreden: *Monsieur – Messieurs, Madame – Mesdames, Mademoiselle – Mesdemoiselles*.

(3) Abkürzungen bleiben unveränderlich, z. B. *une BD – des BD, un/une HLM – des HLM, un CD – des CD*.

(4) Bei den zusammengesetzten Substantiven erhalten nur die Bestandteile ein Pluralzeichen, die Adjektiv oder Substantiv sind. Stelle dir außerdem die Frage, ob die Bestandteile des zusammengesetzten Substantivs auch alleine im Plural stehen können.

Beispiele: un salon de thé – des salons de thé
(*Thé* hat keinen Plural.)

un porte-monnaie – des porte-monnaie
(*Porte* ist ein Verb und kann kein Plural-s haben. Ebenso steht *la monnaie* nie im Plural.)

62. Schaue folgende Bilder an und schreibe das jeweils passende Wort mit dem unbestimmten Artikel im Singular und im Plural dazu:

a) ______________________ b) ______________________

______________________ ______________________

c) ______________________

____

63. Ordne folgende Wörter den Bildern zu und schreibe sie mit dem unbestimmten Artikel im Plural: *gâteau – bateau – cadeau*

a) ______________ b) ______________ c) ______________

64. Setze die folgenden Wörter in den Plural.

a) un cheveu ______________________

b) un jeu ______________________

65. Schreibe jetzt die Pluralformen folgender Wörter.

a) une salle à manger ______________________

b) une salle de séjour ______________________

c) un club de photo ______________________

d) une station thermale ______________________

e) une mousse au chocolat ______________________

f) un instrument de musique ______________________

g) un fer à repasser ______________________

h) un café-tabac ______________________

i) un porte-avion ______________________

j) un camarade de classe ______________________

66. Setze die unterstrichenen Wörter in den Plural.

– Bonjour, <u>Monsieur</u>.

____

– Bonjour, <u>Madame</u>.

____

– Qu'est-ce que vous faites à Paris?

– J'<u>achète</u> <u>un cadeau</u> pour <u>ma fille</u>.

____

– Vous cherchez <u>un jeu</u>?

____

– Non, <u>je veux</u> acheter <u>un bureau</u>, <u>un sac à dos</u>, <u>un porte-monnaie</u>, <u>un CD original</u>, <u>un instrument de musique</u> et <u>un journal</u> ou <u>un magazine intéressant</u>. Est-ce que vous avez <u>une idée</u>?

____

____

– Oui, mais tout ça, c'est cher!

– Vous avez une idée du prix?

____

– Oui, attendez. A côté de chez moi, il y a un magasin pas cher. Je vous donne l'adresse. Dites que vous venez de ma part!

____

____

Homophone

Im Französischen gibt es viele Homophone, das heisst Wörter, die gleich ausgesprochen, aber unterschiedlich geschrieben werden. Achte im Diktat immer auf den Sinn dieser Wörter, indem du mitübersetzt und ihren Sinn erfasst. Auf diese Weise erkennst du die richtige Schreibung.

67. Vervollständige die Sätze mit den passenden Wörtern aus der folgenden Liste. Als Hilfe ist zu jedem Satz die Aussprache angegeben.

a) fête – fêtent – faites [fɛt]
   - Qu'est-ce que vous __________ ce soir?
   - Nous, on __________ l'anniversaire de Sylvie. Et eux, qu'est-ce qu'ils __________?

b) faim – fin [fɛ̃]
   J'ai __________.
   Le 10 septembre, c'est la __________ des grandes vacances.

c) quart – car [kaʀ]
   Le __________ arrive à sept heures et __________.

d) qu'en – quand – camp [kɑ̃]
   __________ le temps est mauvais, nous restons à la maison.
   __________ penses-tu?
   Elle est partie dans un __________ de jeunes.

e) courent – cours – cour – court [kuʀ]
   Une semaine de vacances, c'est __________.
   A la récréation, les enfants __________ dans la __________.
   Nous avons un __________ de français cet après-midi.

f) là – la [la]
   Elles sont __________, dans __________ salle de séjour.

g) mai – met – mets – mais [mɛ]
En ce moment, nous avons classe, ____________ en ____________, nous sommes en vacances.
Qu'est-ce que tu __________? Une jupe ou un jean?
Elle __________ dix minutes pour aller au lycée.

h) mer – maire – mère [mɛʀ]
La __________ de Sylvie est la femme du __________.
Cette année, ils vont à la __________.

i) aux – eau – au – oh – haut [o]
__________ mois d'août, nous allons __________ Baléares.
Tu peux acheter de l'__________?
Elle habite en __________ ou en bas?
__________! Elle est partie?

j) perd – père [pɛʀ]
Le __________ de Nathalie __________ toujours ses affaires.

k) peu – peux – peut [pø]
Je __________ venir chez toi ce soir?
Frédéric __________ aussi venir?
Nous avons __________ d'argent.

l) sent – sans – cents – cent [sɑ̃]
__________ cortisone, il ne __________ rien.
__________ et __________ font deux __________.

m) son – sont [sɔ̃]
Je te présente __________ frère. Il a encore deux autres frères, mais ils ne __________ pas là.

n) sur – sûre [syʀ]
Elle est __________ qu'il va venir demain.
Le chat est __________ la chaise.

o) tente – tante [tɑ̃t]
Ma __________ aime dormir sous une __________.

p) août – où – ou [u]
__________ allez-vous en __________?
Tu viens __________ tu ne viens pas?

q) vert – verre – vers [vɛʀ]
Où est mon __________?
Je viens __________ 5 heures.
J'ai acheté un anorak __________.

68. Vervollständige die Sätze mit den passenden Wörtern. Jetzt ist jeweils nur die Aussprache angegeben.

a) [a] Elle habite _________ Paris.
Tu _________ de la chance! Lui, il n' _________ pas de chance.

b) [ɑ̃] Elle est née _________ avril.
Elle a 18 _________.
Elle part _________ vacances dans un _________.

c) [di] Je _________ toujours la vérité. – Qu'est-ce que tu _________?
Il _________ qu'il part demain.
Nous achetons _________ baguettes.

d) [fo] Il _________ téléphoner à Pierre.
Tout ce que tu racontes est _________.

e) [kɔ̃t] Il raconte un _________ aux enfants.
Il _________ son argent.

f) [li] – Tu _________ sur ton _________?
– Oui, je _________. Pierre _________ aussi.

g) [mɛtʀ] Elle mesure un _________ soixante.
Qu'est-ce que je vais _________ pour la fête?

h) [ø] _________, ils vont faire du ski.
Achète une douzaine d'_________.

i) [pɛ̃] Un _________, c'est un arbre.
C'est un _________ de campagne.

j) [sa] _________ me plaît. Oui, _________ chaîne hi-fi me plaît.

k) [si] _________ tu viens demain, on achète _________ BD.

l) [ty] _________ me _________ avec tes histoires!
Qui _________ qui?
Ils _________ deux lapins.

m) [twa] _________ tu commences à m'énerver!
Je ne peux pas vivre sous le même _________ qu'elle.

n) [vɑ̃] Aujourd'hui, il y a beaucoup de __________.
A la fin de l'année scolaire, je __________ mes livres.
Qui __________ des ballons?

o) [vɛ̃] Nous avons acheté __________ bouteilles de __________.

p) [vwa] Cette fille a une belle __________.
Je crois que nous ne sommes pas sur la bonne __________.

q) [puʀkwa] __________ est-ce que Pierre n'est pas là?
Il a acheté trois ordinateurs? __________ faire?

T 29

69. Versuche jetzt, das nächste Diktat möglichst fehlerlos zu schreiben. Achte dabei besonders auf Homophone!

Tipps für das Diktat

(1) Die Wörter auf *-ent, -ant, -ence, -ance:*
Wie du bereits weißt, werden auch *-ent, -ant* [ã] und *-ence, -ance* [ãs] jeweils gleich ausgesprochen. Am besten lernst du sie auswendig. Ein Trost: Es sind nur wenige!

Endung	Beispiele
-ent	souvent (oft)
-ant	le correspondant (*der Brieffreund*), un enfant (*ein Kind*), avant (*vorher, früher, vor*), pendant (*während*), important (*wichtig*), puissant (*mächtig*)
-ence	la différence (*der Unterschied*), le silence (*die Stille*)
-ance	une ambulance (*ein Krankenwagen*), la balance (*die Waage*), la confiance (*das Vertrauen*), la connaissance (*die Bekanntschaft*)

(2) Die Schreibung der folgenden Wörter bereitet im Diktat oft Probleme:

le dîner	mit *accent circonflexe* und nur mit einem *-n-*
le professeur	nur mit einem *-f-*
un exemple	ohne *-a-*
intéressant	nur mit einem *-r-* aber mit Doppel-s und einem *accent aigu* auf dem ersten *-e-*
la terrasse	mit Doppel-r und Doppel-s
impressionner	mit Doppel-s und Doppel-n
nécessaire	zuerst mit *-c-*, dann mit Doppel-s und einem *accent aigu* auf dem ersten *-e-*
une adresse	nur mit einem *-d-*
cher (m.)	ohne *accent* und ohne *-e*, aber: *chère* (f.)
le magasin (*das Geschäft*)	mit *-s-*
le magazine (*die Zeitschrift*)	mit *-z-* und *-e* am Schluss
surtout (*vor allem*)	ohne *accent*
sûr – sûrement	mit *accent circonflexe*
plusieurs	immer im Plural und unveränderlich
quelques	mit Plural-s, aber: *quelque chose*
une activité (*eine Beschäftigung*)	nur mit einem *-é*
la scène (*die Bühne, die Szene*)	mit *sc-* am Anfang und mit *accent grave*
l'automne (*der Herbst*)	mit *-mn-* (*-m-* wird aber nicht gesprochen)
le choix (*die Wahl, Auswahl*)	mit *-x* am Schluss
la visite, le groupe, un adulte, le problème	mit *-e* am Schluss

T 30

70. Und jetzt kannst du bestimmt das nächste Diktat mit nur wenigen Fehlern schreiben!

8 Vier Diktate zum Abschluss

Nachdem du die verschiedenen Kapitel durchgearbeitet hast, kannst du zur Überprüfung deiner Kenntnisse zwei Diktate nach dem ersten und zwei weitere Diktate nach dem zweiten Lernjahr Französisch schreiben. Das jeweils erste Diktat weist einen geringeren Schwierigkeitsgrad als das zweite auf.

T 31

71. Übungsdiktat nach dem ersten Lernjahr Französisch, Stufe 1.

T 32

72. Übungsdiktat nach dem ersten Lernjahr Französisch, Stufe 2.

Vokabular	le compliment	das Kompliment
	Jutta était …	Jutta war …

T 33

73. Übungsdiktat nach dem zweiten Lernjahr Französisch, Stufe 1.

Vokabular	le morceau	das Stück

T 34

74. Übungsdiktat nach dem zweiten Lernjahr Französisch, Stufe 2.

Vokabular	la mobylette	das Moped
	le diagnostic	die Diagnose

Lösungen

Dieses Kapitel enthält die Lösungen zu allen Übungen und alle Diktattexte. Vergleiche deine Diktate genau mit den Lösungstexten und achte dabei auch auf die Satzzeichen! Gehe dabei sehr genau vor und nimm auch die „Leichtsinnsfehler“ ernst! Denn viele Fehler entstehen dadurch, dass man zu wenig kritisch mit sich selbst ist. Sei also dir selbst gegenüber ehrlich und unerbittlich!

Wenn deine Lösung zu einer Übung falsch war oder dein Diktattext viele Fehler enthält, solltest du die Übung oder das Diktat später wiederholen.

1 Rund um die Nasalvokale

T 1 1. Kontrolliere deine Aussprache gewissenhaft mithilfe der CD.

T 2 2. Julien est le cousin de Martin et Alain est un copain de Julien. Julien est Italien. Demain, Martin va en Italie. Il prend le train à Paris, mais le train est plein! En Italie, Martin va dans un restaurant. Il aime bien le vin et les pizzas!

T 3 3. Kontrolliere deine Aussprache gewissenhaft mithilfe der CD.

T 4 4. Jean est en vacances. Il est à Rouen. Rouen, c'est une ville en Normandie. Jean va dans le centre de la ville. Il entre dans une banque et prend de l'argent. Après, il va dans un restaurant. Devant le restaurant, il y a une marchande. Jean prend une orange, une mandarine et un camembert. Demain, Jean va en Provence.

T 5 5. Kontrolliere deine Aussprache gewissenhaft mithilfe der CD.

T 6 6. Simon est Anglais. Il est blond. Il va à Avignon et entre dans une boutique. Il dit à la marchande: «Bonjour, Madame, je voudrais un melon et un citron.»
La dame dit: «C'est tout?»
Simon dit: «Pardon Madame, je ne comprends pas la question. C'est combien un melon et un citron?»

T 7 7. a) impossible b) orange
c) combien d) camembert
e) emmener f) chambre
g) bonbon h) centre

8. a) champignons b) citrons
c) oranges d) melon
e) mandarines f) raisin

T 8 9. [ɛ̃] est [ɑ̃] voyage. Il est [ɑ̃] le [ɛ̃]. Le [õ] [ɑ̃] et dit: «[õ] Monsieur, vous avez une [õ]? [õ]? Et où est votre billet? Vous êtes [ɛ̃]? Et le monsieur là, c'est votre [ɛ̃]?»
[ɛ̃] dit: «Oui, c'est [õ] [õ] [ɑ̃] [õ]. Je vais [ɑ̃] [ɑ̃] avec [õ]. J'aime [ɛ̃] le Midi. Je vais à [õ] avec [õ]. C'est une [ɑ̃]!»

T 8 **10.** Julien est en voyage. Il est dans le train. Le contrôleur entre et dit: «Bonjour Monsieur, vous avez une réservation? Non? Et où est votre billet? Vous êtes Italien? Et le monsieur là, c'est votre copain?»
Julien dit: «Oui, c'est mon correspondant Simon. Je vais en Provence avec Simon. J'aime bien le Midi. Je vais à Avignon avec Simon. C'est une chance!»

2 Rund ums Substantiv

11. a) Monique (S) cherche l'ordinateur (OD) de Stéphane (CN).
b) Sylvie et Stéphanie (S) posent des questions (OD) au professeur (OI).
c) Nous (S) écoutons les CD (OD) de la sœur (CN) de Sylvie (CN).
d) Le frère (S) de Sylvie (CN) montre un film (OD) à ses amis (OI).
e) Les photos (S) sont aux élèves (OI)?
f) Maryse et Catherine (S) téléphonent aux amis (OI) de Patrick (CN).

12. le café
l'hôtel (m.)
la maison
la rue
le restaurant

13. la cuisine
les toilettes
la salle de séjour
la chambre à coucher
la salle de bains

T 9 **14.** les cafés
les rues
les hôtels
les restaurants
les maisons
les cuisines
les chambres à coucher
les toilettes
les salles de bains
les salles de séjour

T 10 **15.** Kontrolliere deine Aussprache gewissenhaft mithilfe der CD.

T 11

16. a) le professeur
b) les frères
c) les cafés
d) les taxis
e) le restaurant
f) le garage
g) le parc
h) les lacs
i) le centre
j) les clubs
k) les champions
l) les matchs
m) les concerts
n) les noms
o) le groupe
p) le numéro

17. a) une gare
b) un immeuble
c) une chambre
d) un hôtel *ou* un appartement *ou* une maison
e) un jardin *ou* un parc

18. a) des animaux
b) des élèves
c) des arbres *ou* des fleurs *ou* des légumes

T 12

19. a) la mère de Luc
b) l'anniversaire de Françoise
c) l'anniversaire d'Ahmed
d) l'amie de Mme Dupont
e) l'appartement d'Antoine
f) l'idée de Valérie
g) la sœur d'Isabelle

20. a) la salle de bains
b) l'inspecteur de police
c) le conducteur de TGV
d) le professeur de français
e) le club de photo
f) l'Hôtel de Ville
g) le livre de géographie

T 13

21. a) deux frères
b) des sœurs
c) le père de mon amie
d) les magasins de Paris
e) Elle regarde les deux professeurs.
f) les chambres des filles

22. a) Pierre achète une baguette à la boulangerie de son quartier. Il est avec une amie. Après, il va à la boucherie. Et puis, il faut aussi acheter une cassette pour Martine! Oh là là, quel stress!
b) Le lycée de Sylvie est super! Sylvie aime bien aller à l'école. Elle rencontre des copines à la récréation et elles regardent le programme de la télévision. Ce soir, il y a un match de tennis et elles vont voir le champion de l'année. Le tennis, c'est vraiment une passion pour les filles de la classe de 4ème.

23. Monsieur Dupont est chef du personnel. Il travaille chez Tanguy en France. Dans son bureau, il y a un monsieur et une dame. Ils veulent travailler dans l'entreprise.
Le monsieur s'appelle Monsieur Legrand et la dame Madame Lagrange. Il y a aussi deux messieurs, ce sont deux frères: Ils s'appellent Royer. Ils cherchent aussi du travail. Le chef du personnel de Danone ne sait pas qui il va employer! Les trois personnes ont des diplômes et c'est très difficile de choisir!

24. Nicole a un frère. Il s'appelle André.
Aujourd'hui, nous sommes samedi et Nicole téléphone a son amie Denise. Elle dit: «Qu'est-ce que tu fais? Tu regardes la télé ou tu écoutes des cassettes?»
Denise répond: «Je travaille pour l'école parce que j'ai des devoirs à faire et je préfère avoir des bonnes notes à l'école. Tu comprends, j'espère avoir des bons résultats parce que mes parents me donnent de l'argent quand j'ai une bonne note a un test de contrôle!»
Nicole dit: «Dommage, ce soir, Pierre organise une fête à l'hôtel des Américains. J'y vais avec Michèle.»
Denise répond: «Ah oui? Une fête? Alors, je vais peut-être y aller!»

25. Bernard a un ordinateur. Il travaille souvent sur son ordinateur. Ses parents ne sont pas toujours d'accord parce qu'ils préfèrent le voir travailler pour l'école!
Mais Bernard fait ce qui luit plaît. Plus tard, il veut être informaticien. Et puis, avec l'internet, il a beaucoup de correspondants et il aime écrire à ses nouveaux amis. Ils parlent des sports qu'ils font comme le foot ou le tennis ou le golf ou le basket. Oui, vraiment, l'ordinateur, c'est un progrès.

26. Chère Nathalie,
En ce moment, je suis au cours de musique et je t'écris. Notre prof est Anglais et s'appelle Jack Highland. Après le cours, nous avons une heure d'étude parce que le prof de mathématiques est malade. Je vais aller dans la bibliothèque du collège parce que je dois faire un exposé sur les parcs naturels français. Nadine, mon amie que tu connais bien m'aide aussi et elle va aller à la médiathèque pour trouver des films. Un exposé avec un film, c'est plus intéressant.

Notre exposé dure 30 minutes et nous avons un peu le trac toutes les deux parce que c'est la première fois que nous parlons si longtemps en français! J'espère que le professeur ne va pas nous poser trop de questions difficiles! Ce soir, je vais à un concert de rock et ma sœur m'emmène en voiture. Quelquefois, une sœur, c'est bien pratique! Mais on va sûrement avoir des problèmes de parking parce que beaucoup de jeunes de ma classe y vont! Il y a déjà cent cinquante cinq élèves qui ont réservé leurs places. Dans ma prochaine lettre, je vais tout te raconter!
A bientôt.
Ton amie Jutta

T 14

27. Les Martin ont trois enfants. Les deux filles s'appellent Florence et Valérie et le fils s'appelle Luc. La famille Martin habite à Paris, dans un quartier fantastique où il y a des magasins super.
Aujourd'hui, le père des enfants n'est pas encore à la maison. Monsieur Martin est inspecteur de police et il travaille souvent jusqu'à vingt heures. Madame Martin fait la cuisine avec les filles. Mais Florence et Valérie ne sont pas d'accord.
Florence dit: «Où est Luc? Il n'est jamais là quand on prépare le repas! A quelle heure rentre Luc? Il est déjà sept heures et demie!»
Madame Martin dit: «Luc fait de la musique avec son groupe de rock. Ses copains et lui font un CD. II arrive à huit heures.»
Les deux sœurs n'aiment pas la musique de Luc et surtout pas quand elles font la cuisine à sa place! Alors, elles ont une idée: Demain, c'est Luc qui va dans la cuisine. Elles, demain, elles ne sont pas là! Elles, elles vont dans les magasins et chez les copines. Oui, demain, c'est le jour des filles! Pas question de rester à la maison!

3 Rund ums Verb im Präsens

28. Claudine et son amie Sylvie discutent dans la cour du lycée. Elles parlent de leurs cours. Nadine arrive. Elle regarde son cahier d'histoire. Les deux filles demandent à Nadine si elle veut bien les aider. Claudine, qui n'aime pas beaucoup l'histoire, demande à Nadine si elle a envie de poser des questions au prof d'histoire. Comme ça, il ne va sûrement pas penser à interroger les autres élèves. Souvent, c'est un truc qui marche bien! Sylvie trouve l'idée de Claudine vraiment géniale! La cloche sonne, la récréation est finie et les trois filles entrent dans la classe. Mais, qu'est-ce qu'il y a? Ce n'est pas le

prof d'histoire qui arrive, c'est la prof de maths qui leur dit: «Ecoutez, aujourd'hui, on pourrait réviser la leçon du dernier cours. Claudine, parle de la dernière heure!» Claudine voudrait expliquer qu'elle ne sait rien, mais elle n'y arrive pas. Elle dit: «Excusez-moi, Madame, est-ce que je peux aller à l'infirmerie, je ne me sens pas très bien.» Le professeur est sceptique, mais il demande à Sylvie d'accompagner cette grande malade à l'infirmerie. Quelle chance pour les deux amies!

29. a) appelez/m'appelle
b) répète/répète
c) Epeler/Epelez/épellent
d) promène/promener
e) jette/jeter
f) emmène/emmenez
g) préférons/préfère/préfère
h) achète/achetons
i) lèvent/lève/levez
j) espère/Espérons

30. a) Les élèves essaient/essayent de faire les exercices de mathématiques.
b) Sylvie envoie une lettre à sa tante.
c) Le professeur dit à un élève: «Martin, essuie le tableau, s'il te plaît.»

31. Pierre et Sylvie regardent les magasins. Sylvie dit à Pierre: «Regarde, il y a des pulls super!» Pierre aime bien les pulls noirs. Il essaie/essaye deux pulls noirs. Sylvie dit: «Tu essaies/essayes aussi le blanc? Regarde, il n'est pas cher.» Pierre trouve le blanc pas mal, mais il préfère les deux noirs. Il achète les deux noirs et Sylvie achète le blanc. Ils achètent les trois pulls. Sylvie dit: «On quitte seulement le magasin si *(wenn)* je trouve un jean.»
Pierre dit: «Tu cherches un jean noir ou bleu?»
Sylvie décide de prendre le bleu. Elle a de la chance, elle discute avec la vendeuse. Elle lui explique qu'elle est élève et elle ajoute qu'elle n'a pas beaucoup d'argent. La vendeuse la comprend et lui fait un prix si elle achète deux jeans. Alors, Pierre achète aussi un jean!
Ils quittent le magasin avec trois pulls et deux jeans. Quelle journée!

32. a) nous avançons
b) nous annonçons
c) nous prononçons
d) nous remplaçons (= ersetzen)

33. a) nous nageons
b) nous corrigeons
c) nous rangeons
d) nous dérangeons

34. A la maison tout le monde mange à 8 heures. Papa veut regarder la télé et mes sœurs et moi le dérangeons souvent.
C'est comme ça: Nous, nous voulons parler quand il regarde la télé!
Maman dit toujours: «Arrêtez, vous dérangez votre père! Je vous interdis de prononcer un mot. Vous êtes vraiment terribles! D'abord, toi, Catherine, range tes affaires qui sont sur la table et toi, Nathalie avance un peu la table et aide-moi à la mettre devant la télé. Mais, où sont Françoise et Eric? Ils rangent leurs chambres? Ils choisissent toujours le bon moment, quand nous mangeons!»

35. a)
- Tes cours finissent à quelle heure?
- A 5 heures.
- Alors demain, après les cours, on va au club cinéma?
- Oui, mais laisse-moi réfléchir. Il est vraiment bien le film que tu veux voir?
- Oui, les élèves de la 4ème B organisent la soirée et ils choisissent toujours des films intéressants.

b) Madame Dupont parle à sa fille:
Ne reste pas comme ça à ne rien faire. Réagis! Apprends bien tes leçons et tu vas réussir au test de contrôle demain!

c) Le lendemain, le professeur parle aux élèves:
Allez, concentrez-vous. Réfléchissez bien. Le test n'est pas difficile. Faites attention, choisissez bien vos mots et finissez toutes les phrases. N'oubliez rien. Relisez votre texte deux fois et vous allez réussir.

T 15

36. Nicole et Sylvie aiment le tennis. Aujourd'hui, elles ne travaillent pas pour l'école parce que le mercredi est leur jour libre. Elles sortent de la maison et prennent la direction du court de tennis. Nicole dit à son amie: «Tiens, regarde, c'est Nadine. Qu'est-ce qu'elle fait là? Elle ne peut pas aller à un cours de sport, elle déteste le sport.» Sylvie appelle Nadine et lui demande: «Mais qu'est-ce que tu fais ici?» Nadine répond: «Dites, les filles, c'est vraiment une question très personnelle! Eh bien, je fais du sport comme vous!» Nicole et Sylvie ne comprennent plus. Nadine, faire du sport? Non, ça ne peut pas être vrai! Mais, quelques minutes après, elles connaissent la raison de ce changement. Nadine a un petit copain et il est très sportif! A la fin, Nadine leur dit: «Alors, vous deux, vous venez, oui ou non, parce que moi, je vous promets que je vais sûrement gagner!»

37. Il est 7 heures, les élèves vont au collège. Les professeurs sont déjà là. On est lundi et les élèves sont fatigués le matin. C'est normal, ils vont tard au lit le dimanche parce qu'ils ont beaucoup de copains et parce qu'ils font souvent des fêtes ensemble. Quand on est élève, on n'a pas beaucoup de temps pour l'école. On est souvent avec des copains et eux, ils sont tous sympas. Ils ont aussi beaucoup d'idées et sont toujours amusants. Avec eux, la vie est plus drôle. Tu es d'accord, non? Je sais que, toi aussi, tu vas souvent à des fêtes et que tu as beaucoup d'amis. Tu sais que j'ai raison, n'est-ce pas? Tu es sûrement d'accord avec moi, je le sais.

T 18

38. Aujourd'hui, les élèves de la classe de quatrième ne vont pas en classe. C'est mercredi et ils sont libres ce jour-là. C'est le jour où Nathalie et Martine rencontrent leurs copains et copines. En général, ils vont tous au cinéma, mais aujourd'hui, il n'y a pas de bon film, alors ils essaient de faire un programme qui plaît à tout le monde. Mais, ce n'est pas facile.
Nathalie dit: «Bon, les filles, qu'est-ce que vous faites? Et vous, les garçons, que préférez-vous? J'espère que vous avez tous des idées géniales!» Martine écrit les idées sur un cahier. Pierre connaît un endroit super pour jouer au foot. Sylvie propose: «Mes parents et moi, nous nageons souvent à la piscine qui est à cinq kilomètres d'ici.» Eric dit: «Moi, je préfère faire une randonnée à pied.» Alain dit: «On n'a pas beaucoup d'argent, mais on peut appeler la mère de ma copine. Elle a une grande salle et moi, j'ai envie de faire une grande fête.»
A la fin, Martine a trop d'idées et personne ne sait plus quoi faire. Les loisirs, c'est vraiment un problème. Alors, Martine décide de prendre une grande boîte. Elle jette toutes les idées dans la boîte et Nathalie doit prendre un papier. Quelle idée va être la bonne? Martine dit: «Alors, l'idée super-géniale est l'idée d'Olivier. Allez, tout le monde reçoit un papier et on fait un rallye. Prenons nos stylos. Vous êtes d'accord?» On n'entend pas une seule protestation et les jeunes prennent des papiers de toutes les couleurs avec la marche à suivre. La journée va sûrement être intéressante. Espérons que personne ne va se perdre dans la nature!

4 Rund um die Pronomen

39. Martine est élève au lycée Victor Hugo. Elle a beaucoup d'amies et s'entend bien avec elles. Elle a aussi un gentil copain, Pierre. Lui ne va pas au lycée, il travaille dans l'entreprise de ses parents. Eux, ils ont une librairie. Pierre aime bien travailler pour eux parce qu'il n'a pas de problèmes avec eux. Martine sort souvent avec son copain. Avec lui, la vie est plus intéressante et elle ne peut pas s'imaginer vivre sans lui. Catherine, son amie lui dit souvent: «Toi, tu as de la chance d'avoir un copain comme Pierre, moi, je voudrais bien pouvoir sortir avec un copain comme lui. Au fait, dans une semaine, nous faisons une fête à la maison, chez nous/moi. Est-ce que vous voulez venir tous les deux? Mes cinq copines, elles, elles viennent et vous, vous venez aussi?»

40. a) Oui, elle les a.
b) Non, ils ne la regardent pas.
c) Oui, nous le cherchons.
d) Tu ouvres la porte, s'il te plaît? – Oui, je l'ouvre.
e) – Sylvie, Pierre t'a donné ma cassette?
– Non, il ne m'a pas donné ta cassette.
– Alors, il l'a oubliée.
– Il oublie toujours tout!
f) – Françoise, qui t'a invitée?
– Jean m'a invitée.
– Il t'a appelée?
– Oui, il m'a appelée hier.

T 19

41. a) Où est le CD de Sylvie? Qui l'a? Est-ce Nathalie qui l'a ou la sœur de Caroline? C'est peut-être les copains de Nadine qui l'ont.
Sylvie appelle ses amis. Elle leur pose la même question à tous, mais personne ne l'a. Impossible de le retrouver. Elle passe une heure au téléphone, mais sans succès. Et puis, elle commence à faire ses devoirs. Elle en a beaucoup et, en mathémathiques, elle n'y comprend rien. Il est déjà huit heures et ses parents l'attendent pour le dîner. Alors, elle range vite ses livres. Mais, qu'est-ce qu'elle voit? Son CD sous ses livres!

T 20

b) Hier, Nathalie a eu quinze ans. Pour son anniversaire, ses copines lui ont acheté des cadeaux. Quand elles ont sonné, Nathalie leur a ouvert la porte et leur a dit: «Entrez vite, il y a des bons gâteaux aujourd'hui!» Sylvie n'en a pas voulu parce qu'en ce moment, elle n'en mange pas pour

ne pas grossir. Ses copines lui ont dit: «Allez, manges-en au moins un! Tu ne vas pas grossir pour ça!» Mais Sylvie n'en a pas pris et, ni Caroline, ni Martine, ni Nathalie n'ont pu résister aux gâteaux. Après, Nathalie a regardé ses cadeaux. Elle a dit à Caroline: «Tu m'as acheté ce CD de musique classique, mais comment sais-tu que je ne l'ai pas encore?» Caroline lui a répondu: «C'est tout simple, il y a deux semaines, Martine t'a téléphoné et t'a posé beaucoup de questions sur ta musique préférée et sur les compositeurs que tu aimes. Tu n'y as sûrement pas pensé sur le moment, mais on a tout organisé! Et moi, je t'ai appelée la semaine dernière pour avoir des renseignements sur les livres et les auteurs que tu adores. C'est comme ça qu'on a tout su!»
Nathalie a remercié ses copines et leur a promis de faire plus attention la prochaine fois à ce qu'elle leur dit!

42. Pierre et Patrick passent <u>leurs</u> vacances ensemble en Bretagne. <u>Leurs</u> parents ont une maison à Quimper et, tous les ans, ils retrouvent <u>leurs</u> copains et copines. Quand ils arrivent le 15 août, <u>leurs</u> copains <u>leur</u> demandent combien de temps ils vont rester dans <u>leur</u> maison. Les deux frères <u>leur</u> disent qu'ils vont rester quinze jours ici parce qu'après, ils vont faire <u>leurs</u> valises et partir pour l'Angleterre. <u>Leurs</u> parents <u>leur</u> payent un séjour linguistique parce que <u>leurs</u> notes d'anglais sont vraiment trop catastrophiques!
<u>Leurs</u> amis regrettent un peu que <u>leur</u> séjour en Bretagne ne dure pas longtemps. Mais, ça ne fait rien, ils <u>leur</u> ont fait un programme d'activités super. Toutes <u>leurs</u> nuits sont déjà programmées: Tous les copains font <u>leur</u> fête à des dates différentes. <u>Leurs</u> vacances vont sûrement <u>leur</u> plaire, mais, en Angleterre, ils vont être fatigués de <u>leur</u> séjour en Bretagne!

43. a) Cette
b) Ce
c) cette
d) ces
e) cet
f) Ces
g) Cet
h) Ce

44. a) cet agent de police – cet homme *ou* ce monsieur – cette femme *ou* cette dame – ces filles
b) ce cheval – cette voiture – ce vélo – ce garçon – cet immeuble – ces deux fenêtres

T 21 **45.** Cette année, Luc est allé en vacances au bord de la mer, à Sète. Ses parents lui ont payé ce séjour d'un mois dans un club de jeunes. C'est la première fois qu'il part sans ses parents. La première semaine s'est bien passée. Les jeunes se sont tous très bien amusés. Mais, dans le groupe, il y en avait un qui était un peu bizarre. Ce garçon ne parlait avec personne et avait, c'est sûr, beaucoup de problèmes. Luc s'est souvent occupé de lui et a tout essayé. Mais, rien à faire. Ce jeune ne voulait pas parler. Les vacances se sont terminées et, à la fin de ces quatre semaines il s'est enfin expliqué: «Tu sais, Luc, c'est vraiment sympa ce que tu as fait pour moi. Toutes ces journées passées ensemble m'ont beaucoup aidé et je sais que je vais longtemps penser à ces vacances, dans cet hôtel, à Sète, avec tous ces copains. Pourrais-tu me donner ton adresse? Je voudrais bien qu'on se rencontre, si c'est possible.»
La surprise a été grande pour Luc qui lui a dit: «Voilà mon adresse, j'habite 7 (sept) rue des Fleurs à Fontainebleau.»
C'est à ce moment-là qu'il s'est mis à rire parce qu'il lui a montré son adresse: 17 (dix-sept) rue des Fleurs à Fontainebleau. C'est sûr, ces deux jeunes vont bientôt se retrouver et ce sera peut-être le début d'une longue amitié.

46. a) Qu'a-t-elle?
b) Qu'y a-t-il?
c) Qu'offrons-nous?
d) Que leur ont-ils dit?
e) Qu'aimez-vous?
f) Qu'ont-ils appris?
g) Qu'ouvrent-ils?
h) Qu'espèrent-ils?
i) Qu'achètes-tu?

T 22 **47.** a) Quel blouson mets-tu aujourd'hui?
b) Quelles clientes sont dans le magasin?
c) Quelle différence y a-t-il entre magasin et magazine?
d) Quelles interprètes vont venir cet après-midi? Madame Durand ou Madame Lescure?
e) Quelle est ta place?
f) Ce train va à quelle vitesse? A quelle heure arrive-t-il à Paris?
g) Tu habites dans quelle tour?
h) Quelle réponse est la bonne?
i) Quels professeurs sont les professeurs de français?
j) Quelles vacances t'ont plu?

5 Rund ums Adjektiv

48. Nicole montre des photos à son amie allemande. Elle a des parents sympathiques. Sur une photo, on voit une petite maison. C'est la maison de ses grands-parents. L'année dernière, Nicole a passé ses grandes vacances chez eux. Les grands-parents ont un bon vieux chien. Elle voulait faire des promenades avec lui, mais elle est tombée malade. Le docteur lui a donné des médicaments chers. Pour elle, ces vacances sont encore un mauvais souvenir!

49.
a) un vieil ordinateur
b) une vieille école
c) un vieux chat
d) un nouveau ballon
e) un nouvel immeuble
f) une nouvelle table
g) une belle porte
h) un beau sac
i) un bel hôpital

50.
a) polie
b) polis
c) jolie
d) jolis
e) jolies
f) gais
g) seuls
h) noires
i) bleues
j) bleue
k) bleus

51.
a) chers
b) chère
c) chers
d) chers
e) cher/chère
f) chères

52.
a) petites
b) charmants
c) bonnes – mauvaises
d) malades
e) graves
f) normal – passifs/actifs *ou* passives/actives
g) gentille – intéressante
h) belles – jeunes
i) méchants
j) lourds
k) difficiles
l) seules

T 23

53. a)

Chères Nadine et Christine,
En ce moment, je suis à Paris. Les cours de français me plaisent beaucoup. Nous avons trois professeurs qui sont vraiment très sympathiques. A l'école, il y a des jeunes anglaises qui apprennent comme moi le français. L'ambiance est vraiment super et les élèves sympas. J'habite dans un vieil appartement, dans un vieux quartier que je trouve très beau parce qu'il a beaucoup de charme. Les gens ici sont très gentils. Dans ma rue, il y a des petits commerçants qui sont très polis et qui m'aident très souvent. Je trouve que les gens ici sont gais. Comme tu vois, mes journées ne sont pas tristes. J'espère que je vais bientôt faire des progrès énormes en français et que je vais avoir de bonnes notes en classe quand je vais rentrer en Allemagne.
Ecrivez-moi bientôt.
Votre amie Barbara

T 24

b) L'année dernière, Sylvie et ses parents sont allés en Provence. Au début, Sylvie n'a pas été très heureuse de partir en famille, mais ses vacances se sont mieux passées qu'elle ne le pensait. Ils ont fait de belles excursions, visité des musées intéressants et vu des vieilles villes. Ils se sont assis dans des jolis petits cafés et ont regardé les gens dans les rues. A leur grande surprise, la vie n'a pas été si chère qu'ils le croyaient. Et puis, la dernière semaine, ils l'ont passée au bord de la mer et l'eau était si bleue qu'on avait vraiment envie d'y rester toute la journée. Sylvie a aussi rencontré des copains chic et super et elle leur a donné son adresse. Deux des garçons lui ont beaucoup plu. C'étaient deux frères: Ils étaient grands, intelligents et gentils. L'un des deux avait les yeux marron et l'autre les yeux verts. Ils avaient une petite sœur qui était aussi très gentille. Ils ont proposé à Sylvie de rester en contact et de s'écrire au mois de septembre prochain. A la fin, on peut dire que les vacances de Sylvie ont été de belles vacances actives. L'année prochaine, elle va sûrement revenir dans cet endroit qui l'a vraiment impressionnée.

6 Rund um die Zeiten

54. a) nagions
b) prononçaient
c) entrait – dérangeait
d) corrigeait
e) faisais – avançait
f) changeait
g) était
h) annonçaient

T 25

55. La semaine dernière, Sylvie regardait avec Annie son album de photos dans sa chambre et elle se rappelait:

C'était il y a cinq ans. On était en hiver. Il faisait froid. Elle n'avait pas envie de sortir. Elle mangeait du chocolat dans sa chambre et, sur son bureau, il y avait les devoirs de mathématiques qui l'attendaient. Mais, ce jour-là, elle ne voulait rien faire.

Et puis, quelle surprise! Les copains et les copines de sa classe venaient la chercher pour aller à la maison de jeunes. Mais, qu'est-ce qu'ils allaient y faire? Antoine et Catherine avaient une super idée. Ils désiraient créer une nouvelle pièce de théâtre. Personne ne devait le savoir avant la première. Il fallait que ça reste un mystère jusqu'à la fin.

Pas question de perdre de temps! Ils commençaient tout de suite! A la maison de jeunes, Antoine prenait déjà la direction de tout. Tout le monde croyait au succès de la pièce.

Un mois après, Antoine appelait le directeur du lycée, M. Sorel, pour lui annoncer la nouvelle. M. Sorel n'était pas tellement pour. Il connaissait les parents. Si la pièce était un succès, pas de problèmes, mais que faire si elle ne plaisait pas au public? Antoine parlait sans arrêt et il avait raison: le directeur donnait son accord.

Une photo a intéressé Annie. Elle a demandé: «Pourquoi est–ce que vous criiez là?» Sylvie lui a répondu: «On venait de finir et les parents nous demandaient de jouer encore une fois la pièce le dimanche suivant. C'était enfin le succès et on était tous heureux!»

56. a) allées
b) arrivée
c) sortie
d) partis
e) restée
f) rentrées
g) tombé
h) descendu
i) montés
j) passée
k) nés – morts

57. a) achetée
b) mise
c) mis
d) passées
e) compris
f) vues
g) aidée

58. a) faits
b) achetées
c) bue
d) écrites
e) pris
f) vues
g) reçus
h) faits

59. a) Quels – invités
b) achetées
c) Quelles – reçues
d) Quelle – appelé
e) lus
f) Quelle – eue
g) prises
h) Quels *ou* Quelles – fait

60. a) écrit
b) envoyé
c) regardés
d) couchée
e) reposées
f) acheté
g) levés

T 26

61. a) Ce matin, Sylvie et Nadine sont entrées dans la salle de classe à huit heures moins le quart. Les autres élèves sont arrivés vers huit heures. A la récréation, Sylvie est tombée et elle est restée une heure dans la cour parce que les professeurs sont partis chercher du secours. Quand ils sont revenus, Sylvie est montée dans l'ambulance. Elle est arrivée à l'hôpital à midi. Ses parents sont venus la chercher à quatre heures et ils sont rentrés ensemble à la maison. Quelle histoire!

T 27

b) En août, Pierre et Sébastien ont été dans un centre de vacances. Le matin, ils ont dormi jusqu'à huit heures. Après, ils ont fait du sport et l'après-midi des excursions. Les promenades qu'ils ont faites leur ont beaucoup plu. Ils ont parlé avec beaucoup de jeunes qu'ils ont rencontrés. L'animateur a très bien su les intéresser à toutes les activités. Il les a aidés à regarder la nature et leur a tout expliqué. Ils ont décidé de retourner au centre l'année prochaine. Ils ont déjà gardé beaucoup de contacts avec les jeunes. Combien de lettres ont-ils tapées sur leurs ordinateurs? Une vingtaine, peut-être. Quelles histoires se sont-ils racontées? Ça, c'est un mystère!

T 28

c) Quelle histoire est encore arrivée à Fabienne?
La semaine dernière, elle est allée à la fête que ses amis ont organisée à Fontainebleau. A la gare, elle a pris son billet et est montée dans le train. Le contrôleur est passé, mais elle n'a plus trouvé son billet. Il lui a fallu acheter un autre billet, et le contrôleur a ri: la direction qu'elle a prise est la mauvaise!
Elle a dû descendre à la prochaine gare. Alors, elle est arrivée chez ses copains avec deux heures de retard. Et puis, la fête ne lui a pas plu. Son copain Pierre a flirté avec une fille qu'elle n'a pas trouvée très jolie. Les autres garçons qu'elle a regardés ne l'ont pas invitée à danser. Cette soirée, elle l'a vraiment trouvée ennuyante. Enfin, quand elle a voulu partir, elle est tombée dans l'escalier et s'est cassé le bras. Elle est passée à l'hôpital, parce qu'à cette heure, tous les cabinets des médecins sont fermés. Elle est rentrée chez elle et s'est couchée à cinq heures du matin. C'est sûr, la prochaine fois, elle va rester à la maison!

7 Und nun noch einige hilfreiche Tipps …

62. a) un animal – des animaux
b) un cheval – des chevaux
c) un journal – des journaux

63. a) des gâteaux
b) des cadeaux
c) des bateaux

64. a) des cheveux
b) des jeux

65. a) des salles à manger
b) des salles de séjour
c) des clubs de photo
d) des stations thermales
e) des mousses au chocolat
f) des instruments de musique
g) des fers à repasser
h) des cafés-tabacs
i) des porte-avions
j) des camarades de classe

66. – Bonjour, Messieurs.
– Bonjour, Mesdames.
– Qu'est-ce que vous faites à Paris?
– Nous achetons des cadeaux pour nos filles.
– Vous cherchez des jeux?
– Non, nous voulons acheter des bureaux, des sacs à dos, des porte-monnaie, des CD originaux, des instruments de musique et des journaux ou des magazines intéressants. Est-ce que vous avez des idées?
– Oui, mais tout ça, c'est cher!
– Vous avez une idée des prix?
– Oui, attendez. A côté de chez nous, il y a des magasins pas chers. Nous vous donnons les adresses. Dites que vous venez de notre part!

67. a) [fɛt] faites – fête – fêtent
b) [fɛ̃] faim – fin
c) [kaʀ] car – quart
d) [kɑ̃] Quand – Qu'en – camp
e) [kuʀ] court – courent – cour – cours
f) [la] là – la
g) [mɛ] mais – mai – mets – met
h) [mɛʀ] mère – maire – mer
i) [o] Au – aux – eau – haut – Oh
j) [pɛʀ] père – perd
k) [pø] peux – peut – peu
l) [sɑ̃] Sans – sent – Cent – cent – cents
m) [sɔ̃] son – sont
n) [syʀ] sûre –sur
o) [tɑ̃t] tante – tente
p) [u] Où – août – ou
q) [vɛʀ] verre – vers – vert

68. a) [a] à – as – a
b) [ɑ̃] en – ans – en – an
c) [di] dis – dis – dit – dix
d) [fo] faut – faux
e) [kɔ̃t] conte – compte
f) [li] lis – lit – lis – lit
g) [mɛtʀ] mètre – mettre
h) [ø] Eux – œufs

i) [pɛ̃] pin – pain
j) [sa] Ça – sa
k) [si] Si – six
l) [ty] Tu – tues – tue – tuent
m) [twa] Toi – toit
n) [vɑ̃] vent – vends – vend
o) [vɛ̃] vingt – vin
p) [vwa] voix – voie
q) [puʀkwa] Pourquoi – pour quoi

T 29

69. L'anniversaire de Nicole

Le quinze mai, Nicole a seize ans et elle fête son anniversaire l'après-midi avec ses amis. Depuis ce matin, sa mère et sa tante sont déjà dans la cuisine pour préparer la fête.
Madame Roland dit à sa fille: «Nicole, tu mets la table, s'il te plaît? Tu peux prendre les verres dans la salle à manger. Il faut aussi mettre des serviettes. Tu as invité combien d'amis?»
Nicole sait pourquoi sa mère lui pose cette question. Elle sent que sa mère ne va pas être d'accord. Vingt copains et copines vont bientôt arriver. Nicole répond: «Dis, maman, je suis sûre que tu vas aimer mes copains quand tu vas les voir.»
Madame Roland ne comprend pas sur le moment, car la réponse de sa fille est un peu bizarre. Où veut-elle en venir à la fin?
Alors, Nicole écrit sur une feuille: «Dans un quart d'heure, vingt copains sont là.»
Madame Roland lit le papier et elle n'a plus de voix: Vingt personnes chez elle! En plus, ces jeunes, eux, ils ont faim! C'est sûr, elle n'a pas assez de pain. Vite, elle court à la boulangerie acheter des baguettes, mais où est son porte-monnaie?

T 30

70. Dans la cour du collège

Pendant la récréation, Marie parle avec quelques copines.
Aujourd'hui, le professeur de mathématiques est malade et les filles ont une heure de libre. Elles veulent préparer plusieurs activités pour la fête de l'école. Mais, il y a des problèmes parce qu'il est nécessaire de trouver un groupe d'élèves sur qui on peut compter. Quelquefois, tout le monde veut faire quelque chose d'intéressant, mais quand il faut travailler, par exemple, il n'y a plus personne! Alors, Marie fait un choix. Elle prend sept élèves qui vont sûrement bien travailler avec elle. Sylvie surtout est une très bonne

copine. Elle a des idées géniales et elle impressionne toujours Marie. Bon, alors, on commence. Qui écrit les adresses sur les cartes d'invitation? Qui s'occupe du magazine? Qui tape les scènes de la pièce de théâtre? Ce n'est pas si facile de tout organiser!

8 Vier Diktate zur Wiederholung

71. Les activités de la classe de quatrième

T 31

Après les cours, Pierre va faire du sport avec ses camarades de classe. Les autres élèves se donnent rendez-vous dans les cafés. Sylvie, par exemple, retrouve ses copines chaque après-midi. Marie, elle, aime mieux rester à la maison. Elle adore lire ou faire de la musique. Et François? Quand il rentre de l'école, il met ses livres sur son bureau et appelle ses copains pour organiser des fêtes le week-end. Faire les devoirs, ce n'est vraiment pas sa passion! Sébastien, lui, travaille dans un magasin de disques. Et Martine? Ça, c'est un mystère. Elle parle peu et personne ne sait où elle va et qui elle rencontre.

72. La correspondante allemande

T 32

Pendant les grandes vacances, Jutta est arrivée chez les Lebrun. Catherine a attendu son amie à la gare et elles sont rentrées en métro. Jutta a fait la connaissance de toute la famille et tout le monde lui a fait des compliments parce qu'elle sait très bien le français. La première journée a passé très vite. Les deux filles ont bavardé ensemble jusqu'à minuit. Le lendemain, bien sûr, elles ont dormi jusqu'à dix heures et demie parce que Jutta était très fatiguée. L'après-midi, elles sont allées au Centre Pompidou où elles ont vu Julien, un des bons copains de Catherine. Il leur a proposé de faire les courses avec lui et elles l'ont accompagné. Il a vraiment bien aimé cette jolie correspondante et il a tout de suite dit aux filles qu'ils se revoient demain.

73. Une fête fantastique

T 33

Connaissez-vous Julien et sa sœur Hélène? Samedi dernier, ils ont organisé une fête avec leurs copains. D'abord leur mère n'était pas d'accord mais, comme il lui ont promis de ne pas boire d'alcool, de tout ranger et surtout de ne pas faire de bruit, elle a fini par accepter. Il faut dire que la fête, que les jeunes ont organisée, s'est très bien passée. Tous ont travaillé. Même François, qui ne s'occupe jamais de rien, a fait une salade de fruits. Les sandwichs que quelques filles ont apportés ont vraiment eu du succès.

Sans parler des gâteaux, bien sûr. Il n'en est pas resté un seul morceau! Le soir, la mère de nos deux jeunes a été très surprise quand elle a vu que tout était en place. Bravo les ados!

T 34

74. C'est le choc!

Qu'y a-t-il? Que s'est-il passé hier? Muriel est allée au collège à mobylette, comme tous les jours, mais un automobiliste ne l'a pas vue et ça a été l'accident. Elle est tombée et elle est restée au moins une demie heure sans connaissance. Deux personnes ont tout de suite réagi, mais l'ambulance, qu'elles ont appelée d'un café, a mis une heure avant de pouvoir arriver jusqu'à elle. La rue s'est trouvée bloquée pendant deux heures. Les gens ont crié, klaxonné et sont sortis de leur(s) voiture(s). Un automobiliste a dit: «Je le sais, ce sont des jeunes qui manifestent, on les a vus.» Et un autre: «Non, c'est la police, je l'ai entendue!» Et puis encore un autre: «C'est faux, il y a des travaux et c'est pour ça qu'on n'avance pas.» Quelle vraie histoire de fous! Et la pauvre Muriel? On l'a transportée à l'hôpital et les médecins se sont tout de suite occupés d'elle. Diagnostic: une jambe et un bras cassés. On va lui faire un plâtre. Une seule chose positive pour elle: Pas d'école pendant quinze jours!

Bildnachweis

S. 13: M. Selesion
S. 21: Jonas Pfeil
S. 36: Eurocentres – 7 Sprachen lernen, wo man sie lebt
S. 43: Tanja Mees
S. 48: Jolanta Dubikajtis

Ihre Meinung ist uns wichtig!

Ihre Anregungen sind uns immer willkommen. Bitte informieren Sie uns mit diesem Schein über Ihre Verbesserungsvorschläge!

Titel-Nr.	Seite	Vorschlag

Die echten Hilfen zum Lernen ...

STARK

Bitte hier abtrennen

Zutreffendes bitte ankreuzen!

Die Absenderin/der Absender ist:

- ☐ Lehrer/in
- ☐ Fachbetreuer/in
  Fächer: ______
- ☐ Seminarlehrer/in
  Fächer: ______
- ☐ Regierungsfachberater/in
  Fächer: ______
- ☐ Oberstufenbetreuer/in
- ☐ Schulleiter/in
- ☐ Referendar/in, Termin 2. Staatsexamen: ______
- ☐ Leiter/in Lehrerbibliothek
- ☐ Leiter/in Schülerbibliothek
- ☐ Sekretariat
- ☐ Eltern
- ☐ Schüler/in, Klasse: ______
- ☐ Sonstiges: ______

Unterrichtsfächer: (Bei Lehrkräften!)

______

STARK Verlag
Postfach 1852
85318 Freising

12-V1M

Bitte ausfüllen und im frankierten Umschlag an uns einsenden. Für Fensterkuverts geeignet.

Kennen Sie Ihre Kundennummer? Bitte hier eintragen. ☐☐☐☐☐☐☐

Absender (Bitte in Druckbuchstaben!)

Name/Vorname

Straße/Nr.

PLZ/Ort

Telefon privat für Rückfragen

Geburtsjahr

E-Mail-Adresse

Schule/Schulstempel (Bitte immer angeben!)

Bitte hier abtrennen

(Bitte blättern Sie um)